Thomas Gandow

JUGENDWEIHE

Humanistische Jugendfeier

MÜNCHENER REIHE
im Evangelischen Presseverband
Begründet von Friedrich-Wilhelm Haack
Im Auftrag von Inge Haack
herausgegeben von Thomas Gandow

Titelbild: Collage von Ute Gandow unter Verwendung eines Bildes von Helmut Reuel: „In der Archenhold-Sternwarte verfolgen Teilnehmer der Jugendweihe den Flug von Sputnik III" aus: „Deutsche Demokratische Republik", Bildband, Sachsenverlag Dresden

1. Auflage 1994
Verlag: Evang. Presseverband für Bayern, 80636 München
Abteilung Schriftenmission

Herstellung: Jutta Hollick
Satz: Graphisches Büro C. Hofer, Mertingen
Druck: Schoder-Druck, Gersthofen

ISBN: 3-583-50661-8

INHALT

1. Problem Jugendweihe

Ein längst totgeglaubtes Ritual hat scheinbar neue Kraft gewonnen. Die - atheistische - Jugendweihe war in Westdeutschland und Westberlin 1989 so gut wie ausgestorben. Zu gleicher Zeit, im Frühjahr 1989, eilten im Osten unter indirektem und direktem Zwang und unter hohem Konformitätsdruck ca. 170.000, d.h. mehr als 97 % der Jugendlichen des Jahrgangs der Vierzehnjährigen zu den Feiern.
Viele Beobachter nahmen nun an, sobald der offensichtliche, harte Druck zur Jugendweihe wegfallen würde, müßte diese sehr rasch in sich zusammenfallen. 1990 - Monate nach der Wende, nahmen in der Noch-DDR angeblich immerhin 153.000 Jugendliche an der Jugendweihe teil - nur 18.000 sollen einfach weggeblieben sein.

Drastischer Rückgang
Noch einmal drastisch gingen die Zahlen 1991 zurück. Die meisten Quellen sprachen von ca. 80.000 Teilnehmern. Ein weiterer drastischer Rückgang fand 1992 statt: Nur noch 50.000 (andere Quellen haben noch 80.000) nahmen teil. Immer wieder werden aber auch erheblich höhere Propagandazahlen veröffentlicht - zum Beispiel schrieb die Deutsche Lehrerzeitung[1)] 1992 sogar von fast 100.000 Teilnehmern (!). 1993 wurden relativ einheitlich von den verschiedenen Quellen ca. 70.000 Teilnehmer gemeldet. Der Präsident der Interessengemeinschaft Jugendweihe sah hierin einen großen Erfolg, da somit 20.000 mehr als im Vorjahr teilgenommen hätten.[2)] Inzwischen hat sich die Jugendweihe in der Ex-DDR auf einem niedrigeren, aber anscheinend stabilen Sockel von 50.000 - 70.000 Teilnehmern (1993) - der Hälfte eines Jahrgangs von Jugendlichen oder eher weniger, wieder gefangen und stabilisiert.
Presseberichten zufolge, die allerdings von den Erfolgszahlen der Veranstalter ausgehen, sollen auch heute noch, (1994) ca. 50 % des Jahrgangs 1980 an Jugendweihefeiern teilnehmen.

Die „alte“ Jugendweihe
Die DDR-Jugendweihe war „eine gesellschaftliche Einrichtung zur Unterstützung der politisch-ideologischen Bildung im 8. Schuljahr“, mit der die Jugendlichen in das „aktive gesellschaftliche Leben“ aufgenommen werden sollten. Im Mittelpunkt stand ein öffentliches „Gelöbnis“ der Jugendweihlinge, in dem diese sich u.a. zur DDR-Treue, zum Sowjetvolk, zum Sozialismus und zum Fleiß bekennen

sollten. Seit dem Jugendgesetz von 1964 war die Jugendweihe „fester Bestandteil der Vorbereitung der jungen Menschen auf das Leben und die Arbeit in der sozialistischen Gesellschaft“.[3]
Unvergessen wird aber auch bleiben, daß diese staatliche „Weihe“ seit 1954/55 mit zunehmendem, offenen Zwang durchgesetzt wurde. Da die Jugendweihe in der Schule angesiedelt war, bestand die Möglichkeit zu lückenloser Kontrolle und spürbarer Durchsetzung - nicht mehr nur gegen die Tradition der Einsegnung / Konfirmation, sondern auch gegen jedes „liberale“ Abseitsstehen. Der Besuch der Erweiterten Oberschule und vieles andere mehr hing von der bereitwilligen Teilnahme an diesem Staatsritual ab. Die als „atheistisch“ behauptete sogenannte „Weltanschauung der Arbeiterklasse“, richtiger: die jeweilige Parteiideologie und was sie mit den Jugendlichen machen wollte, bestimmte den Inhalt der „Jugendstunden“, nicht etwa freisinnige Gedanken.

Andere Traditionen
Sicherlich gibt es auch einen anderen Traditionsstrang der „Jugendweihe“, nämlich die Jugendfeiern der (auch bürgerlichen) Freireligiösen im vorigen Jahrhundert vor deren politischer Indienstnahme.[4]
Neben dem primären Anliegen, den Konfirmandenunterricht zu ersetzen und „Konfirmationsersatz“ zu schaffen, hatte diese freireligiöse Jugendweihetradition vom Anspruch her auch eigene Inhalte, u.a. die Feier der Jugend als eigenem Lebensabschnitt, gerade nicht verwertet und dienstbar gemacht einer Ideologie oder einem Staat, und das Bekenntnis zu Aufklärung, Menschenliebe und Toleranz.
Solche Weltanschauung mußte in der DDR aber genauso verpönt sein wie christliches Bekenntnis, da ja der Staat selbst sich als Garant der „materialistischen Weltanschauung“ ebenso wie des „Humanismus“ fühlte. Man wollte gerade nicht „der Jugend ihren Lauf lassen“. Schließlich meinte die Partei ja selbst, Jugend und Zukunft für immer zu beherrschen (mit dem „immerjungen“ Marxismus-Leninismus.) Deshalb haben solche freireligiösen oder auch nur freisinnigen Traditionen in der DDR nie eine Rolle spielen können - und auch keine Auswirkungen auf die dortige Jugendweihe nehmen können. Auch in Westdeutschland hatten solche Traditionen nur noch schwachen und lokal begrenzten Einfluß.

Fragen an die „neue“ Jugendweihe[5]
Heutige Werber für eine „neue“ Jugendweihe behaupten einerseits, ihr Angebot habe mit der früheren staatlichen Jugendweihe nichts mehr zu tun. Aber nicht nur manche personelle und die großen finan-

ziellen Kontinuitäten vom Zentralen Jugendweiheausschuß zur „Interessenvereinigung" sprechen eine deutliche Sprache, auch das Argument der Gewohnheit wird treuherzig angeführt: „... das Leben hat uns bestätigt, es gibt weiterhin großen Zuspruch..."[6)]
Inhaltlich ist man allerdings nicht mehr greifbar, weil Inhalte kaum noch vorhanden sind oder weil auf die Darstellung wirklicher Inhalte - atheistische(?), sozialistische(?), humanistische(?) oder sonstige(?) - nach außen hin weitgehend verzichtet wird.
Die Losung scheint zu sein: „Egal, was war, wir machen weiter!" Es soll weiter gehen. Es muß wohl auch. Immerhin hängen auch erhebliche Vermögenswerte und einige dutzend Arbeitsplätze an der Erhaltung des von Ulbricht kreirten DDR-Brauchs. Ob es das allein ist, was den „Interessenverband Jugendweihe" zusammenhält?
Die Jugendweiheteilnahme sei heute an keine Weltanschauung oder Religion gebunden, wird gesagt. Die Teilnahme an den vorbereitenden „Jugendstunden" sei nicht einmal unbedingt Pflicht. Aber gerade hier, nicht erst in einer angeblich bewußt orientierungsfreien Feier müßte es doch eigentlich Rat und Lebenshilfe für Jugendliche geben!
Denn: Jugendweihe, die nur „ein Großer Tag", eine „bedeutsame Brücke ins Erwachsenenleben" sein will, wenigstens „ein schöner Tag soll es sein", wäre wohl weniger eine „Vorbereitung aufs Leben" als ein inhaltsloses und überflüssiges Ritual.
Oder gibt es doch Inhalte (die nicht offen genannt werden)? Ist die Berufung auf die Glaubens- und Gewissensfreiheit für ein Angebot, das sich als „Jugendhilfearbeit" versteht, nicht ein eindeutiges Zeichen dafür, daß es hier doch um Glauben und Weltanschauung geht? Aber um welche?

Jetzt auch Renaissance im Westen?

Selbst wenn sich die Teilnehmerzahlen seit DDR-Zeiten um mehr als 50% reduziert hätten, sind sie immer noch beachtlich. Handelt es sich hier um DDR-Nachwehen, die noch weiter langsam abklingen werden? Oder ist wirklich von einer neuen, festen Tradition zu reden? Die verschiedenen Veranstalter und Befürworter der Jugendweihe hoffen sogar, den „großen Anklang" der Jugendfeiern im Osten als Schubkraft für eine Renaissance der Jugendweihe auch im Westen nutzen zu können. Kommerzielle Interessenten sind jedenfalls als Sponsoren und damit Unterstützer der Jugendweihe auf diesen Zug bereits ganz optimistisch aufgesprungen (siehe unten).
Woher stammt die Jugendweihe? Seit wann gibt es sie? Und welche inneren und äußeren Gründe brachten der Jugendweihe in der DDR

den Durchbruch? Woher kommt die anhaltende Attraktivität der Jugendweihe in den neuen Bundesländern?[7] Praxis und Hintergründe der heutigen Jugendweihe in Ost- und Westdeutschland und ihrer verschiedenen Organisatoren sollen dargestellt werden und auch die Motive von Anbietern und Interessenten sollen nicht ausgeklammert werden. Endlich geht es auch um Überlegungen, wie man sich zur „neuen Jugendweihe" verhalten kann, als einzelner, als Familie, oder als Kirchengemeinde.

2. Geschichte der Jugendweihe

Immer wieder ist zu hören und auch in der kritischen Literatur zu lesen, die Jugendweihe sei ein uraltes Ritual, das es so oder so, in allen Epochen der Menschheitsgeschichte gegeben habe. Es sei nur je unterschiedlich von den Gesellschaften und Kulturen inhaltlich gefüllt worden. Fast alle „Uralt"-Theorien gehen zurück auf einen Aufsatz, in dem Wolfgang Billerbeck diese „Gründungssaga" für die Jugendweihe in der DDR und in der Gegenwart niedergelegt hat:

> *„Reife- und Weihefeiern der Jugend -*
> *eine uralte Tradition der Menschheit*
>
> Die Jugendweihe ist eine uralte Tradition der Menschheit. Jahrtausende vor der Zeitrechnung vollzogen orientalische Völker, zum Beispiel die Assyrer, in feierlicher Form den Übergang der Jugendlichen vom Knaben- zum Jünglingsalter durch Mannbarkeitsfeste und Jünglingsprüfungen, Von den Spartanern wissen wir, daß sie Übungen im Waffenhandwerk und zur Abhärtung des Körpers der jungen Mannschaften durchgeführt haben. Ähnliche Berichte liegen von den Bewohnern Afrikas und Australiens und der Urbevölkerung des amerikanischen Kontinents vor.
>
> Die Vorbereitungszeit der Jugendlichen auf das Leben und die damit verbundenen Weihefeiern sind nicht durch religiöse Vorstellungen entstanden - obwohl Mystik und Aberglauben eine bestimmte Rolle spielten -, sondern das Leben stellte den Menschen diese Aufgabe. Um leben zu können, müssen die Menschen die für ihr Leben notwendigen materiellen und kulturellen Güter produzieren. Dazu bedarf es einer sinnvollen, geplanten, bewußten Tätigkeit des Menschen, der Arbeit, entsprechender Produktionserfahrung und Arbeitsfertigkeiten. Die Einbeziehung der heranwachsenden Generation in diesen Produktionsprozeß ist für den Bestand der menschlichen Gesellschaft unbedingt erforderlich und macht die Vermittlung von Kenntnissen, Produktionserfahrungen und die

Aneignung von Arbeitsfertigkeiten unerläßlich. Die Feiern und Weihen der Jugend einschließlich ihrer Vorbereitungszeit sind folglich aus der Notwendigkeit heraus entstanden, die heranwachsende Generation auf das Leben, auf ihre gesellschaftlichen Aufgaben vorzubereiten, ihr die wichtigsten Ansichten, Regeln, Normen des gesellschaftlichen Zusammenlebens zu vermitteln, kurz tüchtige und verantwortungsbewußte Mitglieder der Gesellschaft heranzubilden.
Diese Feiern und Weihen der Jugend haben im Laufe der Zeit eine gesellschaftlich-historische Form angenommen und besitzen seit der Entstehung der Klassengesellschaft Klassencharakter. Erst in die Zeit der Sklavenhaltergesellschaft und des Feudalismus fällt die Entstehung von kirchlichen Weihefeiern wie die der Firmelung. Im Mittelalter hatte sich die Firmelung zu einem besonderen und selbständigen Sakrament der katholischen Kirche zur „Festigung“ des Glaubens entwickelt, das an Getauften vom 7. Lebensjahr an vollzogen wurde. Nach dem Tode Luthers und Calvins hat sich dann die Konfirmation als Nachahmung der katholischen Firmelung herausgebildet.
Während die Kirche mit ihrer Konfirmation nur auf das religiöse Leben vorbereitet und Jugendliche in eine bestimmte Glaubensgemeinschaft aufnehmen kann, führen die weltlichen Weihefeiern die jungen Menschen in die Vielfalt des gesellschaftlichen Lebens ein. Und gerade diese alten, weltlichen Formen des Eintritts der Jugendlichen in das Leben, die auf einer jahrtausendealten Tradition fußen, hat die Arbeiterklasse in Deutschland aufgenommen und ihnen einen den Zielen und Aufgaben der Arbeiterklasse entsprechenden Inhalt gegeben.“ [8)]

Jedoch ist zu dieser „ätiologischen“ Geschichte, zu dieser Begründungssage festzuhalten, daß weder den Freireligiösen noch den Freidenkern zur vorigen Jahrhundertwende die Mannbarkeitsrituale der Assyrer und der Urvölker Amerikas vorschwebten, sondern eher die gerade in Blüte stehende, von ihnen freilich abgelehnte evangelische Konfirmation, zu der sie etwas besseres, „fortschrittlicheres“ schaffen wollten. Und warum sollten ausgerechnet die spartanischen Abhärtungen im Waffenhandwerk und nicht der Versuch, gegen die damals noch vorhandene Einheit von Thron und Altar auch im Bildungswesen eine kirchenfreie Schule zu etablieren, die Begründer der Jugendweihe inspiriert haben? Was Billerbeck vortrug, „tümelt“ also mehr als daß es historischem Denken entspricht und historischer Überprüfung standhält. Er versuchte, in vorwissenschaftlicher Argumentationsweise („Das war schon immer so!“) das angebliche Ur-Alter des Brauches und die angebliche weltweite Verbreitung (von den Assyrern bis zu den Ureinwohnern Amerikas) als Begründung für die *weltweit einmalige Jugendweihepraxis der DDR* zu gewinnen. Zugleich sollte der Beitrag wohl dazu dienen, auch eine „nicht-religiöse“ Begründung des Weihegedankens zu liefern. Damit sollte

abgestritten werden, daß die Jugendweihe historisch nur ein Ersatz für Konfirmandenunterricht und die Konfirmation war und sein sollte.
In Wirklichkeit aber ist die Jugendweihe relativ jungen Datums. Sie entspringt nicht einer allgemeinen menschlichen Notdurft, sondern ist eine Angelegenheit ausschließlich der deutschen Lande.[9)] Wirklich der Jugendweihe vergleichbare Initiationsrituale oder -feiern lassen sich weder heute noch in der Vergangenheit in anderen Ländern Europas oder in anderen Kulturen finden, wenn man einmal von ganz normalen Schulabschlußfeiern absieht.[10)] Es handelt sich bei „unserer" Jugendweihe ursprünglich überhaupt nicht um einen echten „Passageritus". Vielmehr haben wir es zu tun mit einer völlig künstlichen, an das traditionelle Datum der evangelischen Konfirmation in Deutschland angelehnten Gegenveranstaltung zu der kirchlichen Feier des Abschlusses des Katechismusunterrichts[11)].

STICHWORT: Konfirmation

„(von lateinisch confirmatio 'Befestigung, Bestätigung'): in den evangelischen Kirchen seit dem 16. Jahrhundert übliche *Einsegnung*, mit der die Getauften im Alter von etwa 14 Jahren nach Abschluß des *Konfirmandenunterrichts* ihren christlichen Glauben, in dem sie als Getaufte erzogen wurden, bewußt bejahen und als vollberechtigte Mitglieder in die Gemeinde eingeführt und erstmals zur Abendmahlsfeier zugelassen werden." [12)] „...Die Konfirmation knüpft an die Taufe an und ist auf das Abendmahl gerichtet, an dem die Konfirmanden häufig schon in der Vorbereitungszeit teilnehmen. Früher war die Konfirmation mit der Schulentlassung verbunden. Der Konfirmierte erhält Rechte und übernimmt Pflichten mündiger Gemeindeglieder (Patenamt u.a.). Wahlberechtigt und als Ältester wählbar wird er mit 18. Jahren (seit 1989 sind in einigen Landeskirchen 16-jährige wahlberechtigt)."[13)]

STICHWORT: Konfirmandenunterricht

„Vorbereitung auf die Konfirmation zwischen dem 12. und 15. Lebensjahr. In Unterrichtsstunden, bei Gemeindeveranstaltungen, durch diakonische Aufgaben und auf besonderen Rüstzeiten werden die Jugendlichen mit Lehre und Leben der christlichen Gemeinde vertraut gemacht. Traditionell ist Luthers Kleiner Katechismus Grundlage der Unterweisung.[14)]

Die Jugendweihe bei den Freireligiösen

Entstanden ist die Jugendweihe aus den Konfirmationen und Jugendfeiern der Freireligiösen Gemeinden in der Mitte des vorigen Jahrhunderts.[15] Die „Deutschkatholiken" genannte Abspaltung von der röm.-katholischen Kirche unter der Führung des schlesischen Kaplans Johannes Ronge (1813-1887) schloß sich 1845 zur „Deutsch-Katholischen Kirche" zusammen und vertrat ein rationalistisches Christentum, versuchte, die Bibel „vernünftig" zu deuten und verwarf die meisten röm.-kath. Lehren (Abendmahlslehre, Beichte, Zölibat usw.). „Die meisten Anhänger waren laue Katholiken" (Maron). Die Gruppe verbreitete sich rasch in ganz Deutschland und zählte 1847 80.000 Anhänger in 259 Gemeinden. Die Auseinandersetzung mit der damaligen Römisch-Katholischen Kirche, die u.a. vom „Ultramontanismus", d.h. einer starken Romabhängigkeit geprägt war, führte zu Überlegungen, eine „Deutsche National-Kirche" zu bilden. Mit solchen Gedanken und Bestrebungen standen die Gemeinden der Deutsch-Katholiken mitten in den revolutionären Diskussionen der Revolutionszeit von 1848, manche auch politisch auf Seiten der Revolution: „Wir heiligen die Bestrebungen der Socialisten, indem wir sie zum Cultus, zur Religion erheben"[16] konnte auch schon einmal formuliert werden. Schon seit 1845 veranstalteten diese Gruppen auch ihre eigenen Konfirmationen am Ende des Jugendunterrichts als „Jugendweihen", „Aufnahmefeiern" oder „Unterrichtsentlassungsfeiern". Die Bezeichnungen sind zunächst noch fließend: Firmung / Confirmation / Einführung in die Gemeinde / Einsegnung: „Wir weihen durch die Konfirmation die Heranwachsenden zu mündigen, stimmberechtigten Mitgliedern unserer Gemeinschaft" (Hamburg 1848)[17].

Man schloß sich dann zusammen mit den zahlenmäßig kleineren protestantischen „Lichtfreunden" (etwa 70 Gemeinden), die seit 1841 im Gegenzug zur Erweckungsbewegung entstanden waren. Der „Verein freier Gemeinden", Sitz Nordhausen, zählt im September 1847 zusammen 180.000 Mitglieder. Am 17.6.1859 bildet sich der „Bund Freier Religiöser Gemeinden Deutschlands"[18] mit noch 100 Gemeinden und ca. 150.000 Mitgliedern. Vorsitzender wurde der ehemalige evangelische Pfarrer Eduard Baltzer (Nordhausen), der den Begriff „Jugendweihe" 1852 in die Schriften der Freien religiösen Gemeinden einführte.

Man wollte, daß die Jugend frei aufwächst, aber man hatte ja auch etwas an die Jugend weiterzugeben. Wichtig war darum immer der

Unterricht - mehr oder weniger freireligiös, aber immer auch formal und inhaltlich erkennbar als „Weiterentwicklung", jedenfalls aber als *Alternative* zum evangelischen Konfirmandenunterricht. Neben dem damals noch zweitrangigen Anliegen des „Konfirmationsersatzes" hatte diese freireligiöse Unterrichtstradition vor allem das Ziel der Gestaltung einer eigenen, staats- und kirchenunabhängigen Schule oder wenigstens eines *eigenen Religionsunterrichts*, denn dies war die staatlich geforderte Voraussetzung für die Abmeldung der „Dissidentenkinder" vom Religionsunterricht in der Schule. Darum ging es bei allen Versammlungen und Tagungen der Freireligiösen immer wieder. In einem Bericht über die erste Versammlung des „Vereins freier Gemeinden" vom 6. bis 8. September 1847 in Nordhausen heißt es z.B.:

> „In Betreff der Jugend hielt man es meist für wünschenswert, daß die freien Gemeinden eigene Schulen gründen möchten, da die Religion nicht allein in besonderen Religionsstunden sich geltend mache, sondern auch auf die Behandlung der übrigen Gegenstände und auf die Disziplin Einfluß übe. (...) Ausgeführt ist fürs erste nur Zurückziehen der Kinder aus Religions- und Konfirmandenunterricht der Schule und Kirche und Erteilung eines eigenen, und auch das nicht durchgehends."[19]

Daß dabei fast immer nur die Erteilung eines freireligiösen Konfirmandenunterrichts bewerkstelligt wurde, und oft nicht einmal größere Gemeinden wenigstens einen Religionsunterricht für alle Altersgruppen gewährleisten konnten, zeigt ein Bericht aus der freiprotestantischen „Christlichen Gemeinde Magdeburg":

> „Wir erteilten bisher (bis 1853 - T.G.) bloß unsren 12- bis 14jährigen Kindern Unterricht in der Religion, den sogenannten Konfirmandenunterricht. Es wird Zeit, daß wir unsren Religionsunterricht auf unsre sämtliche Schuljugend ausdehnen. Wir selbst kommen immer weiter von den religiösen Vorstellungen, in denen die alte Kirche uns erzogen hat, ab, unsre Vernunft lernt sich immer freier und sicherer bewegen; der Religionsunterricht der Schulen sieht sich immer mehr auf die alten Vorstellungen und Formeln zurückgewiesen. Der Religionsunterricht der Schulen kann und darf unsre Kinder nicht für die freie Religion der Vernunft verbilden. Dadurch ist immer mehr zur Pflicht geworden, unsern Kindern einen Unterricht in dem Geiste zu verschaffen, den unsre Gemeinde pflegt, die Gemeinde hat diese Pflicht erkannt ... und bietet jetzt ihren Familien für die sämtliche schulpflichtige Jugend dreimal in der Woche den Unterricht, wie er den verschiedenen Altersstufen angemessen ist..."[20]

Zunächst gab es ja in den Gemeinden noch wirklich der kirchlichen Konfirmation vergleichbare Konfirmationsfeiern:

> „Nach der Prüfung der Konfirmanden wandte sich Herr Pfarrer Heydorn mit Worten der Ermahnung, der Erhebung und Belehrung ... an die

Kinder. Er zeigte ihnen das große Ziel, nach dem sie streben sollten: die Wahrheit zu erforschen und mit aller Kraft zu wirken, sie zu verbreiten, getrieben von reiner, edler Menschenliebe, Menschenwohl zu fördern, nie zu ruhen und müßig zu sein, wo es gilt, so Großes zu erreichen, zu arbeiten an dem Heilswerke Wahrheit und religiöse Freiheit, und durch sie der Menschheit den rechten Frieden zu geben, zu arbeiten ohne Rücksicht auf irdische Vorteile und Verhältnisse. - Diese große Aufgabe als die Bedingung der Aufnahme in die innige Verbrüderung, in den Christenbund, stellend, ließ er sich von den Kindern das Gelübde geben, diese Aufgabe treu zu erfüllen..." [21]

Ein solches „Gelübde“ hatte selbst 1872 formal noch recht große Nähe zu den in einer „normalen“ evangelischen Gemeinde üblichem Konfirmationsversprechen, selbst wenn es von christlichen Inhalten schon weitgehend entleert war, wie z.B. das Gelöbnis zu einer solchen Konfirmation in Nürnberg zeigt:

„Wollt Ihr Euch bestreben, immer und überall der Gottesstimme der Vernunft und Eures Gewissens und dem Gebot der Menschenliebe zu folgen?

Wollt Ihr, mit einem Worte, brave, gute, tüchtige Menschen werden?

Wenn's Euch ernst ist, ganz voller Ernst, dann reicht mir Eure Hand und bekräftigt Euren Vorsatz mit einem lauten Ja! (Es geschieht.)“ [22]

Während bis 1859 noch das Wort „Konfirmation“ allgemein ist, gibt es in Nordhausen schon 1863 *„Jugendweihe (Konfirmation)“*, ab 1868 heißt es dann allgemein „Confirmation (Jugendweihe)“. Ronge veröffentlich 1877 ein Lied „Zur Confirmation oder Jugendweihe“, seit den achtiger Jahren ist Jugendweihe dann das allgemeine Wort für die Feier; Confirmation kommt nur noch gelegentlich vor, es kann dann heißen *„Jugendweihe (Konfirmation)“*.[23]

Freireligiöse Gemeinden und Sozialdemokratie

Mit dem Einwandern politischer Gruppen in die freireligiösen Gemeinden veränderten sich die freireligiösen Gemeinden und der Charakter ihrer Feiern und des Unterrichts immer mehr. Diese Umfunktionierung war nicht unbedingt naturwüchsig und verlief in vielen Gemeinden mit heftigen Auseinandersetzungen. Ein im Verhältnis fast noch friedliches Beispiel solcher (am Ende noch einmal abgewendeter) Umfunktionierung schilderte 1892 der Vorsteher der Freireligiösen Gemeinde Halberstadt:

„Es mögen etwa sechs bis sieben Jahre her sein, als unsere Gemeinde ... eine große Anzahl neuer Mitglieder zugeführt ... wurde ... Die neuen Mitglieder traten 50 bis 60 mit einem Mal der Gemeinde bei, die Zahl der alten Mitglieder betrug vielleicht eben so viel. Bei der ersten Diskussion fragten die Herren sofort: Wie kommt ihr eigentlich dazu, euch freireligiös zu nennen? Religionsfreiheit, d<as> h<eißt> frei von Religion ist doch richtiger ... Die Diskussionsabende wurden von den alten Mitgliedern, der unliebsamen Erörterungen wegen, wenig besucht, während die neuen stets vollzählig vertreten und deshalb bei einschneidenden Fragen immer in Majorität waren. Es kam dahin, daß wir religiöse Vorträge kaum mehr zu hören bekamen ... Den alten Mitgliedern <wurde> zugerufen: Wer Religion treiben will, mag in die Kirche gehen! Die freie Gemeinde muß in der Sozialdemokratie aufgehen! Dieser Kampf hat in unserer Gemeinde etwa zwei Jahre gedauert, bis wir zu der festen Überzeugung gekommen waren, daß unsere neuen Mitglieder die Gemeinde absolut in etwas anderes verwandeln wollten, nicht offiziell, aber sie wollten unter dem Deckmantel derselben ihre Parteibestrebungen weiterführen, so daß wir schließlich gesetzliche Hilfe in Anspruch nehmen mußten, um unser Recht zu wahren ... Unser Recht ist uns geworden."[24]

STICHWORT: Freireligiös, freigeistig, Freidenker

„*Freireligiös*" bedeutet etwa „aufgeklärt religiös". Herkunft ist die röm.-katholische Modernistenbewegung der Deutschkatholiken Ronges.
„*Freigeistig*" bedeutet etwa „bewußt nicht-religiös". Herkunft ist die atheistische Aufklärung Voltaires u.a.
„*Freidenker*" sind in der Regel „marxistisch-atheistisch". Herkunft ist die antikirchliche und religions- und kirchenkritische, von Marx und Engels geprägte Arbeiterbewegung.
Heute sind die Bezeichnungen weitgehend auswechselbar. Es dürfte noch Gegensätze zwischen den sehr seltenen *religiösen* „Freireligiösen" und den extremen atheistischen „Freidenkern" geben; die meisten Verbandsfunktionäre dürften pragmatisch sein, bei den Mitgliedern und Anhängern gibt es ein im Grunde „synkretistisches" Gemenge aus atheistischen, pantheistischen, monistischen, bis hin zu esoterischen Vorstellungen.

Die Entstehung der „proletarischen Jugendweihe“

Schließlich wandelten sich aber doch einige der freireligiösen Gemeinden dauerhaft in Richtung auf „proletarische Kulturorganisationen“, zu Hilfsorganisationen für den politischen Kampf oder zu Organisationsformen einer neu geschaffenen, „proletarischen Kultur“.[25)]

Die Jugendweihe der Freireligiösen Gemeinde Berlin im Jahre 1889, bei der diese Entwicklung besonders deutlich wurde, gilt bei ihren Verfechtern in der Geschichte wie in der Gegenwart als der Beginn „proletarischer Jugendweihen“. Für alle Jugendweiheinteressenten - egal, in welchen Organisationen sie heute stehen, beginnt die eigentliche Jugendweihetradition mit diesem Tag.[26)]

STICHWORT: WEIHE

Der Etymologie-Duden erinnert zum Stichwort „weihen“ an „lat. victima, ‘Opfer(tier)’ (eigtl. ‘das für das Opfer Geweihte’)“[28)]. Diesem Wortsinn von „Weihe“ = „(zum Opfer) aussondern, heiligen“ war man 1889 mit der Gelöbniszeilen „Wir bringen selbst uns dar, wir weihen uns dem, das auf der Menschheit Höh’n; (...) Und wär’s zum Tod - wir gehen mit!“ fatal nahe gekommen.

Dieses Weiheverständnis setzte sich fort bis in die Gelöbnisse der Jugendweihen in der DDR, wo u.a. gelobt wurde, „als wahre Patrioten ... den Sozialismus gegen jeden imperialistischen Angriff zu verteidigen“. So verwundert es nicht, daß der DDR-Jugendweihehistoriker Krapp gerade in diesem Weiheverständnis den Ausweis des „proletarischen Charakters“ der Jugendweihe von 1889 sieht:

„Der Schlußvers des gemeinsamen Liedes kann als Quintessenz der ersten Berliner Jugendweihe proletarischen Charakters gelten:

‘Wir weihn dem Kampf Dich für das Recht
In dem manch kühner Kämpfer fällt.
Für Volk und Menschheit im Gefecht
Bist Du geweiht der ganzen Welt.’“[29)]

Weiter wurde zwar die alte Struktur der freireligiösen „Konfirmation (Jugendweihe)“ benutzt; einen neuen Inhalt bekamen aber Gelöbnis und der Gesang der Gemeinde. In Ihnen ging es nicht mehr um die Jugend selbst, auch nicht mehr um die Aufnahme in die Gemeinde. Der Kampf um eine bessere Welt stand jetzt im Vordergrund. Ihm wurden die Jugendlichen geweiht.

„Nehmt uns getrost in Eure Reihen,
Wir wollen treu und tapfer steh'n,
Wir bringen selbst uns dar, wir weihen
Uns dem, das auf der Menschheit Höh'n;
Die Ihr ergraut im Kampfe seid,
O laßt uns vorwärts mit Euch wallen
Hin nach der Menschheit Tempelhallen
Mit Euch, die frisch in Sturm und Leid.
Wir weichen von Euch keinen Schritt,
Und wär's zum Tod - wir gehen mit!
(...)
Das Höchste, was wir wollen, - denken,
Was all das Halbe streng verbannt,
Worauf wir kühn die Tatkraft lenken,
Wohin sich jede Fiber spannt,
Das gilt dem Wohl der ganzen Welt,
Dem Wohle aller, welche leben:
Laßt uns der ganzen Menschheit weben
Das Feierkleid, das ihr gefällt.
(...)
Reicht uns die Hand! Wir gehen mit!
Die Banner hoch! Beschwingt den Schritt!" [27]

Erst 1905 beginnt nun auch der Deutsche Freidenkerverband, wenig später (1906) der Monistenbund, Jugendweihefeiern abzuhalten.
In der Zeit nach dem 1. Weltkrieg und dem allgemeinen Aufschwung sozialdemokratischer, sozialistischer und kommunistischer Bewegungen, die teilweise eine regelrechte proletarische Gegenkultur etablieren konnten, wurden solche Jugendweihen nicht mehr nur in den Freireligiösen Gemeinden, sondern auch von neuen „proletarischen" Freidenkervereinigungen, Bildungsvereinen, Jugendorganisationen sowie von SPD und KPD durchgeführt. Zwei der wichtigsten Vereine, der „Verein der Freidenker für Feuerbestattung" und die sächsische „Gemeinschaft proletarischer Freidenker" schlossen sich zum „Deutschen Freidenkerverband" zusammmen, der auf dem Höhepunkt seiner Entfaltung mehr als 600.000 Mitglieder hatte; u.a. war das Angebot der Bestattungsversicherung für den Eintritt attraktiv.
Eng verwoben war diese „proletarische Jugendweihe" auch stets mit dem Kampf der proletarischen Freidenkerbewegungen in den zwanziger Jahren gegen die Kirchen. Man sah die Kirchen als die Hauptstützen der Herrschaft des Kapitalismus an. So ging es bei den kommunistischen Freidenkern vor allem um Kirchenaustrittspropaganda. Es wurde ihnen sogar nachgesagt, daß ihre Hauptsorge bei den Jugendweihen sei, daß diese nur nicht zu feierlich würden.

Bohnsdorf 1928: „Edel sei der Mensch, hilfreich und gut"
Jugendweihe in der Bohnsdorfer Arbeiterbaugenossenschaft „Paradiesgarten" Mitte der zwanziger Jahre als Beispiel einer „proletarischen" Jugendweihe mit reformerischer Prägung. Hier übernommen aus dem Band von Manfred Isemeyer. Klaus Sühl. Hg.: Feste der Arbeiterbewegung: 100 Jahre Jugendweihe. Berlin. Elefantenpress 1989, S. 27. Zur Entwicklung einer eigenständigen „proletarischen" Fest- und Feierkultur durch die Arbeiterbewegung siehe auch den Literaturhinweis im Anhang.

Aber im Ganzen lebte die „proletarische Jugendweihe" doch nicht nur aus dem „Antikirchlichen". Bei anderen Freidenkern und Sozialisten gab es auch noch mehr als die quasi-religiöse Überhöhung des politischen Kampfes. Zur Charakterisierung dieser letztlich doch eigenen, religiös-weltanschaulichen Stimmung soll ein Artikel zur Jugendweihe und Schulentlassung aus der Zeitschrift der sozialistischen Arbeiterjugend (SAJ) zu Wort kommen:

> „"Vor euch liegt das Morgen, die Zukunft. Ihr seid die Gestalter der Zukunft, auf euch lastet das Joch der Gegenwart. Ihr verließt das Traumland des Gestern, der Kindheit und steht im Leben. (...) der Gott der Bibel wird euch zum Schemen. Und doch ein Gott lebt. Er steckt in euch. Euer Wille, euer Wollen ist Gott, sei Gott. (...) Wir wollen Pioniere des Lebens, der Arbeit sein. Bauen und schaffen für uns die Zukunft."[30]

Jugendweihen im 3. Reich

Schon die Germanische Glaubensgemeinschaft[31] war „lediglich eine Weihtums- und Willensgemeinschaft[32]. Die Zeitschrift „Der Weihwart“[33] schrieb von Jugendweihe, Totenweihe, Weihestunden, Weihetagen, Weihehandlungen, und Hammerweihen. Ziel war u.a. die „Deutsche Einigkeit in weihtümlicher Blutsgemeinschaft“.
Im Gegensatz zu heute verbreiteten Darstellungen standen auch die freireligiösen Gemeinden keineswegs durchweg in Opposition zum NS-Regime. Im Gegenteil: Der beim „Treffen deutschreligiöser Kreise“ am 29./30. Juli auf der Wartburg gegründeten „Deutschen Glaubensbewegung“ traten der „Bund der Freireligiösen Gemeinden Deutschlands“ und eine Reihe der Gemeinden des „Verbandes der Freireligiösen Gemeinden“ bei.

> „Die im Bund der freireligiösen Gemeinden zusammengefaßten freireligiösen Gemeinden schlossen sich der Arbeitsgemeinschaft der Deutschen Glaubensbewegung geschlossen an.“[34]

Die Nationalsozialisten haben dann, neben den Völkisch-religiösen und Frei-religiösen Gruppen, die Jugendweihe zum Teil als Parteiveranstaltung, zum Teil als Schulentlassungsfeiern fortgeführt[35]; übrigens genauso wie später die SED, erst nach einer Phase des Experimentierens mit verschiedenen Formen der Jugendweihe.
Hallberg hat eine eindrucksvolle Zusammenstellung verschiedener Jugendweiheaktivitäten in dieser Zeit zusammengestellt[36]:
1937 gab es eine Jugendweihe als Verpflichtungsfeier für Schulentlassene in Heide/Holstein[37]. Der Oberkirchenrat in Oldenburg berichtete 1938 von Jugendweihen in Jever, Accum und Westerstede[38]. Besonders seit 1938 nehmen Jugendweihefeiern auch staatlicher Art zu. Teilweise verzichtete die „Deutsche Glaubensbewegung“ sogar auf die Durchführung ihrer eigenen Jugendweihe, um an einer „Jugendbekenntnis“ genannten Jugendfeier der NSDAP (am 27.3.1938)[39] teilnehmen zu können.

> Diese Feier hatte folgende „Festfolge“:
> „1. Fanfarensignal und Einmarsch der Fahnen. 2. Gemeinsames Lied: ‘Ein junges Volk steht auf’ 3. Orgelspiel: Joh. Seb. Bach F-dur Toccata 4. Ein *Führerwort* an die Jugend. Nürnberg 1935. 5. Orchester: Napiersky: ‘Wacht auf!’ Chorwerk und Instrumentalmusik. 6. Ansprache: Gauschulungsleiter Pg. Kieckbusch. 7. Trumpetenruf. 8. Das Bekenntnis: Vorgesprochen durch den Kreisschulungsleiter. 9. Die Jugend singt: ‘Unser ist dies Land’ mit Orchester. 10. Gruss an den Führer. Die Nationalhymnen. Ausmarsch der Fahnen“[40]

Im Gebiet mehrerer Landeskirchen hatten 1938 Veranstaltungen stattgefunden, die z.T. als Jugendweihen, z.T. als „weltanschauliche Morgenfeiern“ bezeichnet wurden. Auch der Ausdruck „Lebenswendefeier“ findet sich. Im Jahr 1939 häufen sich die Berichte. Es kommt auch zu drängerischer Anwerbung zu diesen Feiern. In einem Bericht aus dem Jahre 1939 heißt es z.B.:

> „Die Eltern sind von Parteiseite verschiedentlich aufgesucht worden, um für die geplante Feier gewonnen zu werden. Ausserdem wurden sie zu diesem Zweck auf das Geschäftszimmer der Ortsgruppe vorgeladen. Den Eltern soll gesagt worden sein, dass eine Nichtbeteiligung als Feindschaft gegen die Partei angesehen werde. ... Die Kinder sind so eingeschüchtert, dass sie fürchten, es in der Schule büssen zu müssen, wenn sie sich nicht an der Feier beteiligen“[41].

1940 wird dann festgelegt, daß an die Stelle der bisher von verschiedenen Organisationen und Gliederungen durchgeführten „Lebenswendefeiern“ einheitlich ab 31.3.1940 die „Verpflichtung der Hitlerjugend“ stattfindet.[42] Dennoch fanden, z.T. in Verbindung mit der „Verpflichtung“, „Jugendweihen“ bzw. „Lebenswendefeiern“ weiter statt, zunehmend mit Stoßrichtung gegen die Konfirmation. In kirchlichen Berichten darüber wird hervorgehoben, wie Eltern und Kinder unter Druck gesetzt wurden. [43] Ab 1941 wird der Vorbereitungsunterricht für die Verpflichtungsfeier als (verbindlicher) HJ-Dienst organisiert.[44]

Auch die Schulentlassungsfeiern nehmen Elemente der Jugendweihe auf:

> „Die verantwortlichen Stellen des NSLB. haben in ihrer Zeitschrift ‘Die Schulfeier’ Richtlinien herausgegeben, die kurz zusammengefaßt folgendes besagen: Die Schulentlassungsfeier muß eine Handlung nationalsozialistischen Gemeinschaftswillens sein, an dem nicht nur die zu entlassenden Schüler, sondern neben den Eltern auch die Volksgemeinschaft Anteil nimmt, die an diesem Tage den jungen Nachwuchs in ihre Reihen eingliedert und zur Pflichterfüllung für Volk und Nation aufruft. Darum gelten für die Gestaltung der Feier die folgenden Grundsätze:
> 1. Sinn der Schulentlassungsfeier: Aufnahme ins werktätige Volk.
> 2. Zeit der Schulentlassungsfeier: Der letzte Schultag. Es werden dazu alle Vertreter der Partei, Gliederungsabordnungen des werktätigen Volkes und die Eltern eingeladen.
> 3. Gestaltung der Schulentlassungsfeier: Sie wird bestimmt durch die beiden Handlungspole. Die Reifsprechung der Schüler und die feierliche Aufnahme ins schaffende Volk.
> Eine solche Feier könnte etwa folgendermaßen aussehen:
> Der erhöhte Raum oder die Bühne, von der natürlich alle Kulissen entfernt sind, ist mit drei Fahnen geschmückt.
> Im Hintergrund die Hakenkreuzfahne, rechts und links davon die Fah-

nen der Hitler-Jugend. Auf dem Podium sitzt das Schulorchester, dahinter steht der Chor, rechts und links neben dem Orchester die Sprecher oder Sprecherinnen der Feier. Vor der Bühne stehen rechts und links an der Wand einige Bänke für die zu entlassenden Schüler und deren Eltern, und zwar so angeordnet, daß sich Eltern und Schüler gegenübersitzen. Der Bühne gegenüber stehen dann die Bankreihen für die Gäste und die übrigen Schüler der Schule, die ersten Reihen sind frei gelassen für die Lehrer und die Vertreter der Partei. Alle Gäste und Schüler haben Platz genommen, zuletzt auch der Schulleiter. Dann beginnt das Orchester mit einem feierlichen Vorspiel, etwa aus den Aufzugsmusiken alter Meister, die Adolf Hoffmann neu herausgegeben hat. Zu dieser Musik kommen die zu entlassenden Schüler unter Führung ihres letzten Lehrers und die Eltern in den Saal und setzen sich. Der Chor singt zweistimmig Armin Knabs Lied: „Wacht Pauken auf und Zinken“ aus seiner Kantate „Der deutsche Morgen“. Eine Sprecherin tritt vor und spricht:

Wir glauben an die Kraft des Wahren,
an starke Liebe, starkes Hassen.
Wir glauben an den Sieg des Klaren,
an Hände, die vom Werk nicht lassen.
Wir glauben an die Kraft der Einheit,
an Heldentum, das sich vollendet.
Wir glauben an den Sieg der Reinheit,
die sich zur Opfertat verschwendet.
Wir glauben an die Kraft des Mutes
und an die Ehre unsrer Waffen.
Wir glauben an den Sieg des Blutes,
das uns zu einer Art geschaffen.

Die Instrumente spielen eine kleine festliche Musik, dann tritt der Schulleiter in die Mitte vor das Orchester, von rechts und links her je ein Sprecher zu ihm. Der erste spricht ein Wort von Hamerling:

Groß ist die Zeit und gewaltig,
doch wehe, wenn unsere Herzen nicht rein sind,
wie sollten im riesigen Kampf wir bestehen.

Der zweite ein Wort von Walter Flex:

Rein bleiben und reif werden,
das ist schönste und schwerste Lebenskunst.

Dann spricht der Schulleiter zu den Eltern und zu den Schülern, die er aus der Gemeinschaft der Schule entläßt. Er ruft jeden einzelnen auf und übergibt ihm mit Handschlag sein letztes Zeugnis, das ihm von den beiden neben ihm stehenden Sprechern zugereicht wird.

Danach verpflichtet er die Schüler als tätige und strebende Glieder der Volksgemeinschaft. Vielleicht nimmt er dafür die Verpflichtungsformel, die einmal die Zeitschrift „Die Schulfeier“ brachte.

Der Schulleiter spricht:
Inmitten der Volksgemeinschaft frage ich euch:
Wollt ihr euer ganzes Leben dem Volke geben?
Alle: Wir wollen es.
Schulleiter: Wollt ihr mit all euren Kräften dem Reiche dienen?

Alle: Wir wollen es.
Schulleiter:
Wollt ihr zu jeder Zeit dem Führer folgen, wohin es auch sein mag?
Alle: Wir wollen es.
Schulleiter:
Was ihr nun alle gemeinsam gelobt, bekräftigt es durch euren Handschlag.
(Er verpflichtet jeden einzelnen durch Handschlag.)
Wir grüßen euch als unsere Kameraden und Volksgenossen. Gehet nun euren Weg ins Leben!"[45]

Weiterer Ablauf: Orchestermusik
Rezitation: Aussprüche von Gorch Fock und Adolf Hitler
Der Chor singt aus dem „Deutschen Morgen" von Armin Knab
Rezitation „Siehe, es leuchtet die Schwelle"
Gemeinsames Lied „Erde schafft das Neue..." oder „Heilig Vaterland..."
„Im Aufbau wird diese Feier überall so möglich sein."[46]

Es zeigt sich an dieser „Schulentlassungsfeier", daß im Wesentlichen gleichbleibende Strukturen offen für neue, aber nicht wesentlich andere Inhalte waren.

Jugendweihe im Deutschland nach 1945

Nach dem Zusammenbruch des Nationalsozialismus und der Hitlerherrschaft wurde die Jugendweihe von freireligiösen Gruppen und Freidenkervereinigungen wieder aufgenommen, konnte aber nur an einigen Schwerpunkten wie Hamburg und Berlin noch einmal größere Beteiligungszahlen erreichen.
Größere Freireligiöse Landesgemeinschaften gab es in Niedersachen und Nordrhein-Westfalen. Sie hatten sich in einem Bund zusammengeschlossen, der in den sechziger Jahren noch angeblich 50.000 Mitglieder hatte. Die Offenbacher Gemeinde, die nicht dem Bund angehörte, zählte Mitte der siebziger Jahre noch 5000 Mitglieder.
Berichtet wird, daß die ursprünglich internen Feiern wie Namens-, Jugend- und Eheweihen, aber besonders auch die Totenfeiern zunehmend von Außenstehenden in Anspruch genommen wurden. Vielfach haben sich die Jugendfeiern der Freireligiösen nach dem 2. Weltkrieg von früheren Aufnahmefeiern für die jugendlichen Mitglieder in die Gemeinde zu „freiwilligen Mündigkeitsversicherung"[47] verändert und sich so dem freidenkerischen Typ der Jugendweihe angenähert. (In der Frei-religiösen Gemeinde Offenbach heißt die Jugendfeier allerdings heute noch „Frei-religiöse Konfirmation"!).

Das Programm einer Freireligiösen Jugendweihe in Baden Ende der fünziger Jahre sah so aus:

> „1. Musik, 2. Vorspruch 3. Musik oder Chor 4. Festpredigt 5. Musik 6. Entzünden der Weiheflammen 7. Unser Glaube 8. Freireligiöse Jugendweihe - Sinn und Aufgabe 9. Gelöbnis 10. Verpflichtung 11. Musik oder Chor, 12. Löschen der Weiheflammen, 13. Schlußwort 14. Musik“[48]

In Nordrhein-Westfalen wurde seit 1965 wieder ein gemeinsamer Jugendweiheausschuß von der Freireligiösen Landesgemeinde und dem Deutschen Freidenker-Verband, Sitz Dortmund, gebildet.
Aus einer der gemeinsamen Feierreden ein Auszug:

> „Es ist das Fest der Jugendweihe, eines der schönsten und bedeutungsvollsten Feste der freigeistigen und freidenkenden Gemeinschaften, das uns heute so zahlreich zusammengeführt hat. Dieses Fest, von unseren Vorfahren eingeführt, wird alljährlich zum Frühlingsbeginn um die Osterzeit veranstaltet. Ostern - für die Christen das Auferstehungsfest ihres Heilands - ist für den freidenkenden Menschen nach uralter Sitte das Frühlingsfest oder das Auferstehungsfest der Natur. In der berühmten Osterszene im ersten Teil des Goetheschen 'Faust' ist die befreiende und erfreuende Macht des Naturfestes Ostern in bewundernswerten Worten geschildert...“[49]

Freidenker in Norddeutschland
Es kam durch die weltpolitische Lage, das „Wirtschaftswunder“ in Westdeutschland und die Entwicklung der SPD in Richtung einer Volkspartei nicht wieder zu einer „proletarischen Kulturbewegung“. An manchen Orten taten sich aber Freireligiöse und Freidenker unterschiedlicher Richtungen, geeint vor allem durch die Ablehnung der Kirchen, zur gemeinsamen Durchführung von Jugendweihefeiern zusammen. Im Hamburg z.B. hatten sie die „Arbeitsgemeinschaft Jugendweihe“ gegründet. Dort nahmen 1953 immerhin 3000 Jugendliche am halbjährigen Jugendunterricht und der abschließenden Jugendweihe teil. (Anderswo gab es aber anscheinend schon damals Gruppen, bei denen der Unterricht überhaupt keine Rolle spielte, sondern nach zwei oder drei Vorbereitungstreffen die Jugendweihe erfolgte).
In Hamburg kam es erst 1980 zum Bruch zwischen kommunistisch-materialistisch und sozialdemokratisch-freireligiös geprägten Jugendweiheinteressenten. Die eher freireligiös und sozialdemokratisch orientierten Freidenker zogen aus der Arbeitsgemeinschaft Jugendweihe aus und begründeten die „Jugendweihe Hamburg“ e.V., (die heute mit der „Interessengemeinschaft“ in Sachsen zusammenarbeitet). Die verbliebene Organisation „Arbeitsgemeinschaft Jugendweihe Ham-

burg“ gehört heute zum „Deutschen Freidenker Verband Sitz Dortmund“.
Hatten die *beiden* Hamburger Jugendweiheorganisationen noch in den achtziger Jahren zusammen bis zu 400 Jugendweihlinge, so waren es in den letzten Jahren meist nur noch 150 Jugendweihlinge. (1993 sind es zusammen nur 173 gewesen).

Freidenker und Jugendweihe in Berlin

Unmittelbar nach dem Kriege hatte es auch in West- und Ost-Berlin und auf dem Gebiet der späteren DDR allerhand wiederbelebte Formen der Jugendweihe gegeben: Ausgerichtet von Arbeitsgemeinschaften und Parteien, von Freidenkerverbänden, von freireligiösen Gemeinden mit mehr oder weniger sozialistischer Ausrichtung in Magdeburg und Leipzig.
In (Gesamt-)Berlin kam es sogar auf Initiative einer freireligiösen Organisation noch 1947 zur Bildung eines von SPD und SED paritätisch zusammengesetzten (![50]) „Zentralausschuß für Jugendweihe“. In einer Presseinformation zur Durchführung von Jugendweihen in Berlin hieß es unter der Überschrift „Bekenntnisfreiheit“:

> „Der SPD-Landesvorstand von Berlin hat folgenden Beschluß gefaßt: `Zu Ostern beabsichtigt die Naturreligiöse Gemeinschaft freigeistiger Sozialisten Berlins in Zusammenarbeit mit dem Zentralausschuß für Jugendweihen, für die zur Schulentlassung kommenden Kinder Jugendweihen im Sinne der Feiern des früheren Deutschen Freidenkerverbandes e.V., der Gemeinschaft proletarischer Freidenker, der Freireligiösen Gemeinden, des Deutschen Monistenbundes und anderer zu veranstalten. Die Kirchen werden feierliche Einsegnungen bzw. die Kommunion vornehmen. Von Seiten der ... Sozialdemokratischen Partei sind keine eigenen Veranstaltungen vorgesehen. In ihren Reihen arbeiten heute unter Anerkennung ihres Bekenntnisses religiöse Sozialisten neben Freidenkern sowohl für die Jugendweihen als auch für die kirchlichen Veranstaltungen.’“ [51]

Dieser Ausschuß sollte gemeinsame Feiern für Sozialdemokraten und Kommunisten in der ganzen Stadt organisieren, woraus dann aber vor allem Veranstaltungen im Ostsektor wurden.[52] Kurt Aland wußte davon zu berichten:

> „Im Frühjahr dieses Jahres (sc. 1947) schien es, als ob der Freidenkerverband wieder in der Öffentlichkeit hervortreten wolle. Damals hieß es, daß in Berlin ein ‘Zentraler Jugendweiheausschuß’ gebildet worden sei, welcher es übernehmen wolle, in allen Bezirken Berlins für die Kinder konfessionell nicht gebundener Eltern zweimal in der Woche einen Lebenskundeunterricht durchzuführen. Dieser Lebenskundeunterricht solle die ganze Schulzeit über währen und mit der Jugendweihe abschließen. Dem zentralen Ausschuß sollen Bezirksausschüsse zur Seite

treten. Man sei dabei, hieß es weiter, geeignete Lehrkräfte heranzuziehen, um einen Lehrplan aufzustellen, welcher in Abänderung des alten den neuen Verhältnissen angepaßt sei; über 1000 Anmeldungen für den Lebenskundeunterricht seien bereits auch beim Zentralen Ausschuß eingegangen. Anfang Juni 1947 sollte in der Staatsoper die erste feierliche Jugendweihe stattfinden. - So weit die Nachrichten, welche im Frühjahr 1947 durch die Presse gingen. Dann wurde es sehr still. Von einer Jugendweihe in der Staatsoper ist nichts bekannt geworden. Wenn die Pressemeldungen richtig waren, haben im Osten Berlins vereinzelt Jugendweihefeiern stattgefunden, im Westen Berlins jedoch nicht, da die Besatzungsmächte einschritten."[53]

Die erste Jugendweihe nach dem Weltkrieg fand dann mit 35 Weihlingen in Berlin-Bohnsdorf am 1. Juni 1947 statt. Der „Vorwärts" meldete damals unter der Überschrift: „Erste Jugendweihe in Berlin":

„In der festlich geschmückten, vollbesetzten Turnhalle der Bohnsdorfer Schule erhielten am Sonntag 35 Jugendliche die erste Jugendweihe nach 1933. Der Redner der Veranstaltung, Lohse, betonte, daß die Jugendlichen in einen großen Kampf um eine neue und bessere Welt eintreten. Sie sollten nicht Amboß, sondern Hammer werden. Die gegenseitige Achtung von Mann und Frau dürften sie nicht vergessen. Mensch sein und Solidarität üben sei das Größte, das es gebe. Anschließend wurde die Weihe durch Handschlag vollzogen. Zur Erinnerung an den Tag wurde den Jugendlichen das Buch 'Ursprung der Familie, des Privateigentums und des Staates' von Friedrich Engels überreicht."[54]

Insgesamt fanden 1947 etwa 12 solche Jugendweihefeiern mit ca. 380 Teilnehmern statt.[55]

Die Ost-West-Auseinandersetzung des „Kalten Kriegs" führte in Berlin später doch noch zur Spaltung der Freidenker- und Jugendweihebewegung in einen eher kommunistischen und einen eher sozialdemokratischen Flügel. Diese Spaltung begann 1948, als die SED mit der Ausrichtung eigener Jugendweihefeiern in der Sowj. Besatzungszone und späteren DDR anfing. 1949 begründete sich der Westberliner Freidenkerverband, der sich zunächst 1951 dem Bundesverband in Dortmund anschloß. Die zwangsweise Einführung der Jugendweihe in Ost-Berlin und der DDR führte zu wachsender Kritik an der Jugendweihepraxis im Westen, die sich insbesondere in Berlin auswirkte. Nicht alle Freidenkerorganisationen im Westen waren bereit, sich hier eindeutig zu distanzieren. „Als die KPD 1956 zur verfassungsfeindlichen Partei erklärt und verboten wurde, spaltete sich der Berliner Landesverband, dem fast ausschließlich Sozialdemokraten angehörten, von der inzwischen nach Dortmund verlegten Bundeszentrale ab. Man warf ihr vor, sie unterstütze insgeheim die kommunistische Partei weiter und sei zu einem Auffangbecken für

ehemalige KPD-Funktionäre geworden."[56] Der „Deutsche Freidenkerverband, Landesverband Berlin" löste sich 1958 endgültig vom 1951 wiedergegründeten, inzwischen kommunistisch bestimmten Dachverband „Deutscher Freidenkerverband, Sitz Dortmund".
Bei Jugendweihefeiern der Westberliner Freidenker zu Anfang der fünfziger Jahre - bis 1961 offen auch für sozialdemokratisch-freidenkerisch Gesinnte aus Ostberlin -, nahmen noch bis zu 2000 Jugendliche teil. Schon zu Beginn der achtziger Jahre kamen zu den Jugendweihen nur noch deutlich weniger als 200 Teilnehmer. Zuletzt, 1989, waren es etwa 120[57]. Neue Versuche, die Jugendweihe attraktiver zu gestalten, wurden unternommen. Im Berliner Freidenkerverband hatte sich eine Gruppe junger Leute durchgesetzt, die eine stärker bedürfnisorientierte, an den Fragen der nicht-kirchengebundenen Menschen orientierte Angebotsarbeit mit weniger politischen, mehr „humanistischen" Inhalten anstrebte. „Ob eine derart modifizierte Jugendfeier sich angesichts der Schwäche des Humanismus und einer kapitalistischen Massenkultur neu entfalten läßt, wird die Zukunft zeigen"[58]formulierten die Westberliner Freidenker noch nicht sehr hoffnungsfroh Anfang 1989.
Doch dann kam die Wiedervereinigung und bescherte den sozialarbeiterisch und organisatorisch qualifizierten Westberliner Freidenkerfunktionären für ihre in der „proletarischen Jugendweihetradition stehende Jugendfeier" [59]endlich die Menschen, die sich von ihnen eine SED-unabhängige „Jugendweihe" gestalten lassen wollten. „Die Häuptlinge haben endlich ihre Indianer gefunden" formulierte freundlich ein kritischer Beobachter.
Aber die Bedürfnisse der neuen Jugendweiheinteressenten aus dem Osten - schon 1990 nahmen 1100 Ost-Jugendliche an der damals noch „West-"Jugendweihe des Westberliner Freidenker-Verbandes teil - waren nicht ganz voraussetzungslos zu befriedigen. Sie waren schließlich geprägt und geformt durch eine besondere, 35 Jahre währende, die „sozialistische Jugendweihe-Tradition" in der DDR.

3. Jugendweihe in der DDR

Jugendweihe ohne Gelöbnis

Schon ab 1948 hatte es immer stärkere Bestrebungen der SED gegeben, in Bezug auf die Jugendweihe in der SBZ das Heft in die Hand zu nehmen. Darum sollten die Landesvorstände der SED zur Durchführung von Jugendweihen initiativ werden; ausführliches Material wurde versandt. Es enthielt Ausführungen zum Umgang mit der Jugendweihe, eine Vortragsdisposition, und drei komplette Gedichte.[60)]

> „Die Vortragsdisposition charakterisierte in vier thematischen Schwerpunkten das Anliegen der Jugendweihe:
> 1. Als erstes ging es den Autoren um die genaue Bestimmung des Ziels der Jugendweihe als „eine Stunde der Besinnung am ersten großen Wendepunkt des Lebens" (ebenda). Die Jugendlichen sollten mit dieser Feier Abschied nehmen vom unbekümmerten Leben der Schulzeit und sich auf die hoffnungsvollen Jugendjahre vorbereiten, bevor sie das Erwachsensein beginnen.
> 2. Dieses Erwachsensein würde eine Zeit erhöhter gesellschaftlicher Verantwortung sein, für das man körperlich und geistig herangereift sein muß.
> 3. Geistig reif zu sein bedeute, Verständnis für Gutes und Schönes zu haben, eine Heimat- und Naturverbundenheit zu fühlen und die Ungerechtigkeiten der Welt zu erkennen, die es trotz großer wissenschaftlicher Leistungen gäbe. Alle Teilnehmer sollten zu der Erkenntnis kommen, daß der Reichtum der Welt nur durch die Arbeit der Völker entstand und deshalb die Kapitalisten verschwinden werden.
> 4. In der von den Autoren angestrebten sozialistischen Ordnung auf deutschem Boden hatte die Jugend durch die SED, als die vorantreibende Kraft, einen wichtigen Platz eingeräumt bekommen. Deshalb würden sie mit Hilfe der Freien Deutschen Jugend auf das Leben in der neuen Gesellschaft vorbereitet. Oberstes Gebot der Erziehung sollte es sein, daß die neue freie Jugend nie wieder für einen Krieg mißbraucht werden kann. Die Teilnehmer an der Jugendweihe hätten diesen Lebensweg gewählt und hörten deshalb nach Vorstellung der Autoren im Anschluß an die Festrede einen Weihespruch von Bruno Schönlank:
>
> 'Seid geweiht dem Arbeitsvolke,
> und der Arbeit Sturmgebet,
> Seid geweiht der Feuerwolke,
> die vor euren Vätern geht.
> Seid geweiht der Mutter Erde,
> dass sie ganz euch eigen werde.'
>
> Diese Vortragsdisposition, der empfohlene Programmablauf und die ausgewählten Programmbestandteile zeigen deutlich, daß man sich im Zentralsekretariat der SED ganz bewußt der Erfahrungen früherer Jugend-

weihe-Organisatoren bediente. Es war im besonderen die Jugendweihe-Konzeption der Kommunistischen Partei, die herangezogen wurde. Unterschiede ergaben sich aus den veränderten gesellschaftlichen Bedingungen gegenüber der Situation vor 1933."[61]
Sogar ein fertiger Programmvorschlag für den Ablauf eine Jugendweihefeier befand sich bereits in diesem Material:

„1. Jugendchor 'Wir sind die Jungen'	Walter Rohde
2. Klavier-Trio op. 1 Nr. 3 c-Moll	Beethoven
3. Rezitation „An die Jungen"	Henkel
4. Ansprache	
5. Weihespruch	Schönlank
6. Aushändigung der Gedenkblätter	
7. Klavier-Trio op. 70 Nr. 1 d-Dur	Beethoven
8. Rezitation 'Nicht betteln, nicht bitten'	Hoffmann von Fallersleben
9. Jugendchor 'Beherzigung'	Goethe/Reichardt"[62]

Fast alle wesentlichen Elemente der späteren DDR-Jugendweihen waren bereits enthalten - bis auf das Gelöbnis. In Thüringen tauchte Ostern 1949 erstmals auch eine Art Gelöbnis der Jugendweihlinge auf, das uns ebenfalls durch das SED-Archiv erhalten ist:

„Liebe und Achtung unseren Eltern!
Treue dem Heimatland!
Freundschaft mit der Jugend der Welt!
Kampf dem Kriege!
Für Frieden, Freiheit und Gerechtigkeit!"[63]

Schulentlassungsfeier statt Jugendweihe?

Auf der Linie der Einbeziehung „aller demokratischen Kräfte" gab es bereits im Sommer 1948 in Sachsen die Tendenz, an Stelle der weltanschaulich oder politisch ausgerichteten Jugendweihe eine schulische Feier bzw. staatliche Jugendfeier oder „Feier der Jugend" im Juli am letzten Sonntag des Schuljahres in der Schule durchzuführen. Inhaltlicher Schwerpunkt sollte u.a. die Werbung für die FDJ, die damals als einheitliche Jugendorganisation für Jugendliche unterschiedlicher Weltanschauung, fast wie ein Dachverband, auftrat. Im Mai 1949 wurde dann sogar von der Abteilung Kultur und Erziehung beim Zentralsekretariat der SED die Weisung gegeben, jede Form von sozialistischer und freidenkerischer Jugendweihe einzustellen, und stattdessen eine Schulentlassungsfeier für alle Jugendlichen zu gestalten.[64]
Von Anfang an hatte die „proletarische Jugendweihe", wie sie die KPD und ihr nahestehende Freidenkerorganisationen verstanden,

ihre Stoßrichtung gegen die „bürgerliche“ Schule, für eine „sozialistische“ Erziehung; jetzt hatte man die Schule mit allen Jugendlichen selbst in den Händen und meinte, auf das Hilfswerkzeug Jugendweihe, das nur Bruchteile der Jugendlichen erreichte, verzichten zu können. Widerstand gegen diese Festlegungen gab es i.W. nur von den „Freireligiösen Gemeinden“ in Magdeburg und Leipzig (letztere mit immerhin 7500 Mitgliedern und 750 Jugendweiheaspiranten im Jahre 1949).

Man schrieb an die Leitung der SED, es

> „sollte die Sozialistische Einheitspartei das Bestehen und die Arbeit einer freigeistigen Organisation begrüßen, die ihr die Sorge um die weltliche Betreuung der Kirchenfremden abnimmt und die Parteimitglieder vor inneren, religiösen Konflikten bewahrt.“ [65]

Der Vorschlag einer möglichen Arbeitsteilung wie auch der Hinweis auf die besondere Verbundenheit der Freireligiösen Gemeinde mit der SED wie mit der Arbeiterklasse überhaupt wurde nicht aufgegriffen. Es kam nur zu einer eindeutigen Platzzuweisung:

> „Selbstverständlich betrifft die Anweisung (keine Jugendweihefeiern mehr durchzuführen - T.G.) nicht Jugendweihen religiöser Organisationen und Sekten. Daher ist gegen die Durchführung von Jugendweihen durch die Freireligiöse Gemeinde nicht das geringste einzuwenden.“ [66]

In der Auseinandersetzung der SED mit der Leipziger wie mit der Magdeburger Freireligiösen Gemeinde wird das Gleichschaltungsbestreben der SED deutlich, das sich zuallererst gegen Organisationen mit gleichen oder parallelen Zielsetzungen richtete. Außerdem zeigt sich, daß die SED sich bemühte, anderen als den von ihr durchgeführten oder autorisierten Veranstaltungen den Öffentlichkeitscharakter zu nehmen, sie in die religiöse Privatheit abzudrängen.[67]

> „Damit schwand selbstverständlich das Interesse an den Gemeinden und an der Jugendweihe, und sie verloren ihre Position als anerkannte Kulturorganisation.“[68]

Die Jugendweihe ab 1954/55

1954 erschien dann aber doch ein Aufruf für eine „richtige“ Jugendweihe. In der Folge kam es zur Wiederbelebung und verbindlichen Einführung der Jugendweihe als allgemeiner, letztlich staatlicher Veranstaltung in der Schule. Die allgemeine Schulentlassungsfeier, die man bisher ohne große Außenwirkung gefeiert hatte, wurde schlagartig wieder abgeschafft. Stattdessen wurde nun wieder eine Feier im Frühjahr etabliert. Durch die Verlegung des Schuljahresschlusses vor die Sommerferien hatte diese Jugendweihe keinen eigenen Anlaß (z.B.

Schulentlassung) mehr. Sie war wieder, als (bald staatliche) Feier, ausschließlich im Gegenüber zum kirchlichen Konfirmationstermin konstruiert worden.[69] Daß es sich nicht um eine Neuschöpfung, sondern um die bewußte Wiederaufnahme der „alten“ Jugendweihe handelte, wird deutlich aus dem Satz, es sollten „alljährlich in der Deutschen Demokratischen Republik Jugendweihen, *wie sie in ganz Deutschland stattfinden*, durchgeführt werden“.[70] (Hervorhebung von mir - T.G.)

Die zunächst unmotiviert erscheinende Wiederbelebung der Jugendweihe löste lange Zeit Rätselraten aus. Man überlegte, woher wohl der Impuls für die Wiedereinführung der Jugendweihe gekommen war, nachdem sie doch von der SED 1950 regelrecht und mit ausführlicher Begründung abgeschafft worden war.

> „Die Archivmaterialien deuteten an, daß Schneller und Hartig veranlaßt wurden, sich für die Jugendweihe zu engagieren, jedoch konnten wir nicht feststellen, durch wen dies geschah. Daß die Eltern ihre Wünsche zur Jugendweihe direkt an Schneller oder Hartig herantrugen, halten wir für unwahrscheinlich.“[71]

Dies Geheimnis läßt sich mit Hilfe der heute einsehbaren Akten der SED lösen.

Jugendweihe als Teil der Anti-Kirchenpolitik der SED

Im Rahmen der sowjetischen Deutschlandpolitik war es schon 1953 zu neuen Anweisungen und Korrekturen der KPdSU[72] zur Politik der SED, einschließlich Kirchen- und „Bündnispolitik“ gekommen („Neuer Kurs“) . Dabei ging es

> „keineswegs um eine Liberalisierung des Verhältnisses zur Kirche, vielmehr soll durch ‘Differenzierung’ die Kirchenpolitik wirksamer und mit subtileren Mitteln geführt werden. Die Kirche soll zugleich in die von der Partei beherrschten Gesellschaft eingebunden, ihr gesellschaftlicher Einfluß in der DDR zurückgedrängt“[73] werden.

Die direkte Konfrontation mit der Kirche, wie sie sich in der starken Verfolgung der Jungen Gemeinde und der Studentengemeinden 1952/53 geäußert hatte, auch jegliche Benachteiligung und staatliche Einmischung in Kirchenangelegenheiten sollte eingestellt werden, da sie eher zu einem Solidarisierungseffekt führte und die Gemeinden um ihre Pfarrer zusammenschloss.

> „Die Verfolgung der einfachen Teilnehmer der kirchlichen Jugendorganisation ‘Junge Gemeinde’ ist einzustellen und die politische Arbeit unter ihnen zum Schwerpunkt zu machen“[74]

hieß es in der Direktive der KPdSU.

„Es ist im Auge zu halten, daß Repressalien gegenüber der Kirche und den Geistlichen nur dazu beitragen können, den religiösen Fanatismus der rückständigen Schichten der Bevölkerung zu stärken und ihre Unzufriedenheit zu vergrößern. Darum muß (das) Hauptkampfmittel gegen den reaktionären Einfluß der Kirche und der Geistlichen eine tüchtig durchdachte Aufklärungs- und Kulturarbeit sein. Als die Grundform der antireligiösen Propaganda ist eine weite Verbreitung der wissenschaftlichen und politischen Kenntnisse unter der Bevölkerung anzustreben.“[75)]

In der Sitzung des Politbüros vom 14. März 1954, in der u.a. über die Umsetzung der neuen Linie gegenüber den Kirchen beraten wurde, war

„die Kirche und ihre Einrichtungen als die stärkste legale Position der imperialistischen Kräfte“[76)]

in der DDR bezeichnet worden. Eine systematische Aufklärungs- und Kulturarbeit sollte unter der gesamten christlichen Bevölkerung stattfinden. Die auf die Kirche bezogenen Gedanken konkretisierten sich in drei Schwerpunkten: Neben der politischen Überzeugungsarbeit gab es noch andere Schwerpunkte. Darum hieß es weiter in dem als Anlage zum Protokoll der Politbürositzung erstellten Planungspapier:

„e) Unter Anleitung und Kontrolle der Partei ist die populär-wissenschaftliche Aufklärungsarbeit in der Partei und unter den Massen zu verstärken. Leichtverständliche Bücher, Broschüren und Zeitschriften über naturwissenschaftliche Themen sind herauszugeben, die besonders unter Jugendlichen Anklang finden sollen. Ihr Inhalt muß so gehalten sein, daß die religiösen Gefühle der christlichen Menschen nicht verletzt werden.“[77)]

In direkter Umsetzung der sowjetischen Direktive hieß es dann als besondere Aufgabe für die FDJ:

„Durch die Freie Deutsche Jugend ist der ideologische Kampf unter der Jugend zu verstärken. Alle Reste sektiererischen Verhaltens gegenüber religiösgebundenen (sic) Jugendlichen und Angehörigen der ‘Jungen Gemeinden’ sind zubeseitigen (sic). Die kulturelle Massenarbeit muß dabei zum entscheidensten Mittel zur Heranführung christlicher Jugendlicher an die FDJ werden.

Im Zentralrat der FDJ muß dieser Aufgabenstellung durch konkrete Beschlüsse Rechnung getragen werden.

Gegenwärtig werden von vielen Eltern, die keine innere Bindung zur Kirche haben, Kinder in die Kurse zur Vorbereitung der Konfirmation und Kommunion geschickt, da keine andere Einrichtung zur feierlichen Einführung der Kinder in den neuen Abschnitt ihres Lebens nach dem Verlassen der Grundschule vorhanden ist. Um diesen Zustand zu beenden, wird im Interesse der Verstärkung der staatsbürgerlichen Erziehung schon in diesem Jahr mit der Vorbereitung und Durchführung von Jugendweihen ab 1955 begonnen. Der konkrete Plan zur Durchführung der Jugendweihen ist bis zum 15. April 1954 dem Politbüro vorzulegen.“[78)]

Erst am 2. November, fast 10 Monate später, richtete der 1. Sekretär des ZK der SED dann seinen als „vertrauliche Verschlußsache" gekennzeichneten Brief an die 1. Sekretäre der Bezirks- und Kreisleitungen der Partei.

Vertrauliche Verschlußsache
ZK 02

80

Sozialistische Einheitspartei Deutschlands
- Zentralkomitee -

An die
1. Sekretäre der Bezirks- und
Kreisleitungen der SED

Berlin, den 2. November 1954
/B - 579 -

750 Exemplare je 4 Blatt
00874 Exemplar 4 Blatt

Werte Genossen!

In einigen Tagen wird ein Zentraler Ausschuss für Jugendweihe einen Aufruf veröffentlichen, in dem dazu aufgefordert wird, entsprechend einem allgemeinen Bedürfnis von Eltern und Schülern alljährlich in der DDR die in ganz Deutschland beliebten Jugendweihen durchzuführen, an denen junge Menschen ungeachtet ihrer Weltanschauung teilnehmen können.

In dem Aufruf wird weiter vorgeschlagen, daß zur Vorbereitung der der festlich durchzuführenden Jugendweihe Zusammenkünfte der Jugendlichen, die an der Jugendweihe teilnehmen, über einige Monate hinweg stattfinden. Diese vorbereitenden Zusammenkünfte sollen sehr inhaltsreich, interessant und lebendig gestaltet werden, um möglichst viele Jugendliche der 8. Klasse anzuregen, an ihnen teilzunehmen. Daher enthält der Aufruf gleichzeitig auch eine Aufforderung an Kulturschaffende, Lehrer und Erzieher und andere, aktiv daran mitzuarbeiten, daß die Vorbereitung der Jugendweihe und die Jugendweihe selbst zu einem tiefen Erlebnis für die Jugendlichen werden. In dem Aufruf wird dazu aufgefordert, daß lokale Ausschüsse für Jugendweihe in den Kreisen und in allen Orten, in denen Jugendweihen durchgeführt werden, als Träger der Vorbereitung und Durchführung der Jugendweihe auftreten.

Die Partei begrüßt diese Initiative und betrachtet ihre Unterstützung als eine Aufgabe aller Parteigruppen, aller Parteimitglieder.

Die Kreisleitungen müssen sofort nach Erscheinen des Aufrufes dafür Sorge tragen, daß einflußreiche und fachkundige Genossen in diesen Ausschüssen mitwirken und erforderlichenfalls auch die Initiative zu ihrer Gründung zusammen mit anderen Personen übernehmen. Sie müssen weiter ständig auf die Arbeit dieser Ausschüsse Einfluß nehmen. Wir weisen jedoch daraufhin, daß das parteimäßige Einwirken auf die in breitester Form zu bildenden Ausschüsse und deren Arbeit nicht dazu führen darf, daß praktisch die Partei die Jugendweihen durchführt. Nur wenn der breite Rahmen gewahrt und sichtbar wird, kann der erwartete Erfolg erreicht werden.

In allen Grundorganisationen muß nach Erscheinen des Aufrufes des Zentralen Ausschusses der Sinn und die Bedeutung der Jugendweihe anhand dieses Aufrufes und der in der Presse erscheinenden Materialien behandelt werden, wobei die Diskussion so zu führen ist, daß die Genossen überzeugt werden, daß ihre Kinder, soweit sie dem Alter nach in Frage kommen, an der Jugendweihe teilnehmen.

Die Parteigruppen in den Schulen und in Patenschaftsbetrieben der Schulen sowie die Ortsparteiorganisationen müssen die Ausschüsse bei ihrer Bildung sowie bei der Vorbereitung und Durchführung der Jugendweihen unterstützen. Besonders ist dafür Sorge zu tragen, daß Genossen Lehrer und sonstige für die lebenskundliche Vorbereitung der Jugendweihe und ihre Durchführung geeigneten Genossen und Sympathisierend sich an dieser wertvollen, ehrenamtlichen Tätigkeit beteiligen. Die Parteiorganisationen müssen helfen, daß die Vorbereitung und Durchführung der Jugendweihe interessant, inhaltsreich und anziehend gestaltet werden.

Die Kontrolle über die Durchführung dieser Vorschläge haben die Abteilung Allgemeinbildende Schulen beim ZK, die Kulturabteilungen bei den Bezirksleitungen bzw. die Abteilungen für Agitation, Kultur, Propaganda bei den Kreisleitungen.

Die Genossen im Ministerium für Volksbildung und im Ministerium für Kultur erhalten Anweisung, die Jugendweihe allseitig zu unterstützen.

Der Zentrale Ausschüss für Jugendweihe wird sich mit einem Brief an die lokalen Ausschüsse in den Kreisen und Orten wenden, in dem die Aufgaben zur Vorbereitung und Durchführung der Jugendweihe im einzelnen dargestellt werden. Zu Eurer rechtzeitigen Information fügen wir Euch den Entwurf dieses Briefes bei.

Die unmittelbar vordringliche Aufgabe wird es sein, mit Hilfe geeigneter Genossen die Initiative zur Bildung der Auschüsse im Kreis zu ergreifen und aus den Mitgliedern des Ausschusses einen verantwortlichen Sekretär zu gewinnen, so daß ohne Aufschub die Bildung der lokalen Ausschüsse erfolgen kann und alle anderen erforderlichen ideologischen und organisatorischen Maßnahmen so gut vorbereitet werden, daß bereits Mitte Januar 1955, mit einer großen Beteiligung, die systematische Vorbereitung der Jugendweihe beginnen kann.

Mit sozialistischem Gruß

Zentralkomitee der
Sozialistischen Einheitspartei Deutschlands

/ Walter Ulbricht /
1. Sekretär

Dokumentiert aus: SED-Kirchenpolitik 1953-1958. Die Beschlüsse des Politbüros und des Sekretariats des ZK der SED zu Kirchenfragen 1953-1958, Manfred Wilke unter Mitarbeit von Martin Goerner und Horst Laude: Arbeitspapiere des Forschungsverbundes „SED-Staat" Nr. 1/1992, Berlin, S. 52-54

Wenig später folgte der von Ulbricht bereits angekündigte Brief mit dem sich der „Zentrale Ausschuß“ erstmals als „Bürgerbewegung“ an seine zu gründenden lokalen Ausschüsse wandte:

„Zentraler Ausschuss für Jugendweihen
in der Deutschen Demokratischen Republik

An alle Kreis- und Ortsausschüsse für Jugendweihen

Liebe Freunde!
Entsprechend dem Wunsche vieler Eltern und Jugendlicher in der Deutschen Demokratischen Republik hat sich in Berlin ein Zentraler Ausschuss für Jugendweihe konstituiert. In dem in den nächsten Tagen zur Veröffentlichung gelangenden Aufruf tritt der Ausschuss dafür ein, daß in der Deutschen Demokratischen Republik alljährlich die in ganz Deutschland beliebten Jugendweihen stattfinden, an denen junge Menschen ungeachtet ihrer Weltanschauung teilnehmen. Die Jugendweihe soll den jungen Menschen helfen, sich auf den neuen Lebensabschnitt, der nach Verlassen der Grundschule beginnt, vorzubereiten. Sie soll dazu beitragen, den bedeutungsvollen Schritt des Eintretens in das Leben der Erwachsenen festlich zu begehen und zu einem Erlebnis zu gestalten, das jedem Teilnehmenden Kraft und Selbstbewußtsein für den weiteren Lebensweg gibt. Die Jugendweihe soll in jeder Familie ein besonderer Festtag sein und für den Jugendlichen selbst ein Kraftquell für seine weitere Entwicklung, ein Ansporn zur Entfaltung all seiner Fähigkeiten zum Wohle der Heimat. Sie soll durch Zusammenkünfte über Fragen der Lebenskunde vorbereitet werden. Der Zentrale Ausschuss wendet sich in seinem Aufruf an alle Eltern, ihren Kindern die Teilnahme an den Feiern zur Jugendweihe zu ermöglichen. Gleichzeitig wendet er sich an alle Kulturschaffenden, Lehrer und Erzieher daran mitzuarbeiten, die Jugendweihe zu einem unauslöschlichen Erlebnis für die Jugend zu gestalten. Die Jugendweihen werden erstmalig im April 1955 durchgeführt.
Zur Vorbereitung und Durchführung der Jugendweihe ergeben sich folgende Aufgaben:
1. Zur Vorbereitung der Jugendweihe werden in allen Orten Zusammenkünfte der Jugendlichen durchgeführt, die im Jahre 1955 die Grundschule verlassen. Die Zusammenkünfte, die entsprechend den örtlichen Bedingungen wöchentlich einmal in den Klassenräumen der Schulen oder in anderen dazu geeigneten Räumen stattfinden, sind von den zu bildenden Ortsausschüssen für Jugendweihe vorzubereiten und durchzuführen. (...) In ihnen soll den Jugendlichen Einblick in die Entwicklung der menschlichen Gesellschaft, die Entstehung der Erde und des Lebens auf der Erde, über Errungenschaften in Wissenschaft und Technik, über ihre Perspektive um beruflichen und persönlichen Leben vermittelt werden.
(...)
5. (...) Die Organisierung der Feiern, für die der Zentrale Ausschuss Empfehlungen herausgibt, liegt gleichfalls in den Händen der Ortsausschüsse. Die Ortsausschüsse sind auch für die Festlegung der Räume für die Durchführung der Jugendweihe und für die Ausgestaltung derselben

verantwortlich. Zu den Feiern der Jugendweihe sind die Eltern und Geschwister der Teilnehmer sowie Persönlichkeiten des öffentlichen Lebens, Kulturschaffende usw. einzuladen.

6. Jeder Jugendliche, der an der Jugendweihe teilnimmt, erhält vom Zentralen Ausschuss eine Urkunde und als Geschenk ein Buch. Die Kreisausschüsse sind verpflichtet, bis zum 10.1.1955 über die Zahl der gebildeten Ortsausschüsse und die Auswahl von Leitern für die Zusammenkünfte und bis zum 1.2.1955 über die Zahl der Jugendlichen, die zur Teilnahme an der Jugendweihe angemeldet wurden, dem Zentralen Ausschuss zu berichten.

Mit freundlichen Grüßen!
Zentraler Ausschuss für Jugendweihen
in der Deutschen Demokratischen Republik[79)]

Wenig später erschien dann ein „Öffentlicher Aufruf" mit wörtlichen Übernahmen aus den hier dokumentierten Schreiben.

Aus dem Zusammenhang dieser Dokumente wird heute deutlich, daß die Jugendweihe *einzig und allein unter Gesichtspunkten des Kirchenkampfes 1954/55 wiedereingeführt* wurde. Sie zielte auf die Konfirmation als der öffentlichen Veranstaltung der Kirche, in der die Verbindung und tw. Identität von Kirchengemeinde und Bürgergemeinde Jahr für Jahr augenfällig demonstriert wurde, und damit direkt gegen den Anspruch der Kirche auf öffentliche Wirsamkeit.[80)] Gegen die Volkskirche, gegen die christliche „Junge Gemeinde" wurde jetzt auf neue Art mobil gemacht:

> „Das Neue ist unter anderem auch, daß an ihr alle Jugendlichen, die aus der Schule entlassen werden, ungeachtet ihrer Weltanschauung und ihrer religiösen Einstellung , teilnehmen können und sollten, da sie lebensnotwendige Kenntnisse vermittelt und ein tiefes Erlebnis für alle Jugendlichen darstellt, die sich als Glieder der großen Gemeinde unseres Volkes betrachten. Die Jugendweihe soll die Jugend nicht spalten, sondern sie zusammenführen."[81)]

An die Stelle der Volkskirche und ihrer „Jungen Gemeinde" sollte diesmal nicht eine „Volksgemeinschaft", sondern die *„große Gemeinde unseres Volkes"* treten. Deutlicher konnte der Angriff auf die Volkskirche, aber auch auf das Bekenntnis nicht vorgetragen werden. Kirche sollte nicht mehr Volkskirche sein, der Staat aber wollte „Gemeinde" bilden![82)]

STICHWORT : Kirchenpolitik

Im „DDR-Handbuch“ hatte 1975 ein Kenner der DDR und der Lage der Kirchen in der DDR die DDR-Kirchenpolitik prägnant beschrieben:

„Die staatliche K.(irchenpolitik) der DDR ist vornehmlich an der evangelischen Kirche ausgerichtet. Zum Protestantismus zählten sich noch 1950 laut Volkszählung 14,8 Mill. DDR-Bürger. Das gesamte DDR-Gebiet war ursprünglich fast durchweg evangelisch. Die SED hat es stets vermieden, eine auf Abschaffung oder vollständige Privatisierung der Kirchen gerichtete Politik zu betreiben. Stattdessen bemühte sie sich, ohne die Kirchen grundsätzlich in Frage zu stellen, deren öffentlichen Einfluß zurückzudrängen bzw. auf den Status quo zu beschränken, das gesellschaftliche Leben vollständig zu säkularisieren, sowie christliche Sitte durch Lebensäußerungen der sozialistischen Gesellschaft zu ersetzen. Das führte, zumal in den 50er Jahren, zu zahlreichen Konflikten, die den Beteiligten zuweilen als ‘Kirchenkampf’ erschienen, ohne daß jedoch wirksame Versuche unternommen wurden, die Kirchen von innen her, entsprechend dem nationalsozialistischen ‘Deutschen Christen’ aufzurollen und gleichzuschalten.“[83]

Weiter unten wird darauf hingewiesen, daß in der Phase von 1949 - 1958 das Ziel im Vordergrund gestanden habe, „die Position der Kirche in der Gesellschaft wo immer möglich zu beschneiden“[84]. „Mit der Jugendweihe begann man, die Konfirmationssitte zu entwerten.“[85]

Die spätere Einschätzung aus den achtziger Jahren:

> „Jugendweihe und Konfirmation werden aus westdeutscher Sicht in aller Regel in einem Atemzug genannt. Tatsächlich aber haben beide Riten eigene Wurzeln und je eigene Bedeutung, sind nicht aus ihrer in der DDR aktuell gewordenen antagonistischen Bezogenheit aufeinander zu erklären“[86]

ist heute nicht mehr haltbar, nachdem durch die jetzt zugänglichen Dokumente der KPdSU und der SED (s.o.) die planvolle, „antagonistische“ Zielsetzung der Jugendweihe erwiesen ist. (Zu den vermuteten „eigenen Wurzeln“ beider „Riten“ ist oben schon einiges gesagt.) Auch die Einschätzungen der Jugendweihe als eines späterhin „bloßen Staatsrituals“ gehen an der Sache ebenfalls vorbei, weil dieses „Ritual“ faktisch wie von den Absichten her dazu da war, den Staat total zu überhöhen.[87]

Deshalb geht auch die Analyse von Weinzen[88], der „immer weniger“ „Atheismus“ in den Dokumenten und Abläufen der DDR-Jugendweihe findet, am Problem (unabsichtlich) völlig vorbei. Absichtlich verschleiernd war die Darstellung von Udo Rössling, der 1989 die Stirn hatte, zu schreiben:

> „Entsprechend dem Grundprinzip der Jugendweihe, daß alle Mädchen und Jungen unabhängig von ihrer sozialen, weltanschaulichen und religiösen Herkunft an ihr teilnehmen können, ist *für Geschichte und Gegenwart der gesellschaftlichen Einrichtung (d.h. der Jugendweihe-T.G.)* festzustellen: In keinem Dokument der Jugendweihe wird gegen religiöse Gefühle Stellung genommen. Im Gegenteil! Von Anfang an stand die Jugendweihe allen offen. Die Teilnahme war, ist und bleibt freiwillig.“[89]

Die wahrlich keiner „klerikaler Regungen“ verdächtige Konstanze Billeb kommt in ihrer Dissertation, vorgelegt an der Hochschule „Ernst Schneller“ in Zwickau 1991 dagegen zu der Einschätzung:

> „Außerdem wurde durch die spätere Entwicklung deutlich, daß die Jugendweihe ausschließlich der Verbreitung einer atheistischen Weltanschauung diente und von Beginn an als Ergänzung der Bildungs- und Erziehungsarbeit an den Schulen und in der einzig anerkannten Kinder- und Jugendorganisation gedacht war.“[90]

Jugendweiheteilnehmerentwicklung in der DDR

Nachdem der „Erfolg“ der Werbung u.a. auf Grund kirchlicher Stellungnahmen und fehlender „Begeisterung“ nicht wie gewünscht ausfiel, kam es, insbesondere nach der Sonneberger Rede Walter Ulbrichts vom 29. September 1957 zu einer erneuten Zuspitzung des Kampfes gegen die Kirche in Form von Angriffen gegen einzelne Geistliche und zu einer deutlichen Verstärkung des Drucks und Zwangs in Richtung auf Beteiligung bei der Jugendweihe. Im Laufe der Zeit stellten sich die Teilnehmerzahlen in der erwünschten Richtung ein.[91]

Jahr	Schülerzahl	Teilnehmer	in %
1955	294.717	52.322	17,7
1956	271.953	64.343	23,7
1957	241.116	64.666	26,4
1958	227.806	107.186	44,1
1959	176.000	139.830	80,4
1960	129.069	113.275	87,8
1961	158.289	142.144	90,3

Hatte man in den ersten Jahren der Jugendweihe, wie heute ohne weiteres zugegeben wird, die Teilnehmerzahlen dadurch angehoben, daß man auch Schüler älterer, noch nicht geweihter Jahrgänge „nachgeweiht“ hatte, so soll in den letzten Jahren der DDR die tatsächliche Beteiligung pro Jahrgang bei über 97 % gelegen haben. In seiner Festrede zum 100. Jahrestag der ersten proletarischen Jugendweihe am 14. April 1989 proklamierte Egon Freyer, Vorsitzender des Zentralen Ausschusses für Jugendweihe in der DDR, den Wandel der Jugendweihe von einer Klassentradition zu einer Volkstradition. Über sieben Millionen Mädchen und Jungen hätten im Laufe der Zeit das Gelöbnis abgelegt.[92]

Evangelische Kirche und DDR-Jugendweihe

Die Kirchenleitungen und Synoden sahen die auf sie zukommende Bedrohung, auch wenn sie den Zusammenhang mit der antikirchlichen Gesamtstrategie der SED, wie er heute zu Tage liegt, wohl kaum erkennen konnten. In Worten an die Gemeinden nahmen die verschiedenen Landeskirchen Stellung. Hier ist exemplarisch ein Wort der Evangelischen Kirchenleitung an die Gemeinden der Evangelischen Kirche in Berlin-Brandenburg vom 30. November 1954 dokumentiert:

> „Ein 'Zentraler Ausschuß für Jugendweihen in der Deutschen Demokratischen Republik' hat die Eltern aufgefordert, ihre Kinder, die 1955 die Schule verlassen, zur Jugendweihe anzumelden. Soweit sich dieser Aufruf an Eltern und Kinder wendet, die keiner christlichen Kirche angehören, haben wir dazu nichts weiter zu sagen.
> Der Aufruf zur Jugendweihe 1955 richtet sich jedoch an alle jungen Menschen 'ungeachtet ihrer Weltanschauung'. Um der klaren und sauberen Unterscheidung willen, die nun einmal zwischen dem christlichen Glauben und jeder sog. Weltanschauung besteht, sind wir verpflichtet, alle Eltern und Kinder, die der Evangelischen Kirche angehören, auf folgendes aufmerksam zu machen:
> Die Jugendweihe ist von jeher eine Angelegenheit derjenigen Menschen gewesen, die die Kirche und ihre Botschaft ablehnen. Es kann kein Zweifel sein, daß auch die für 1955 neugeplanten Jugendweihen an diese alte Tradition der Jugendweihen anknüpfen. Wir sind uns mit den überzeugten Anhängern des Marxismus-Leninismus darin einig, daß christlicher Glaube und marxistische Weltanschauung in einem unüberbrückbaren inneren Gegensatz stehen. Daher dringen wir auf eine klare Unterscheidung zwischen der kirchlichen Konfirmation und der weltlichen Jugendweihe.
> Eltern und Kinder müssen wissen, daß sich das Bekenntnis zum evangelischen Glauben nicht mit der Teilnahme an einer Jugendweihe in Einklang bringen läßt. Daher bestimmt die Ordnung des kirchlichen Lebens der Evangelischen Kirche in Berlin-Brandenburg von 1954 folgendes:
> 'Kinder die sich einer Handlung unterziehen, die im Gegensatz zur Konfirmation steht (Jugendweihe oder dgl.), können nicht konfirmiert werden.'

So stand es auch bereits in der alten Ordnung des kirchlichen Lebens. Aus seelsorgerlicher Verantwortung für unsere Konfirmanden und ihre Eltern bringen wir diese klare Bestimmung rechtzeitig vor der Konfirmation in Erinnerung. Der Herr Jesus Christus hat gesagt:
'Wer nicht mit mir ist, der ist wider mich.'
Er stärke uns alle, insbesondere unsere Konfirmanden, in einem fröhlichen und furchtlosen Bekenntnis zu Ihm, dem einzigen Herrn und Erlöser unseres Lebens!"[93]

Der Kampf um die Jugendweihe in Berlin-Bohnsdorf

Exemplarisch für den scharfen Kampf zur Durchsetzung der Jugendweihe soll hier die Kampagne gegen den Bohnsdorfer Pfarrer Konrad Heckel stehen. In der 16. Schule im Berliner Vorort Bohnsdorf, der bereits in den zwanziger Jahren als Siedlungsplatz der Arbeiterbaugenossenschaft „Paradies" Ort von Jugendweihen war, hatte nach dem 2. Weltkrieg die erste Jugendweihe in Berlin stattgefunden. Im Zuge der Kampagne zur Erhöhung der Jugendweihe-Teilnehmerzahlen nach der Sonneberger Rede Ulbrichts sollte wieder in Bohnsdorf durch besonders heftige Agitation ein Durchbruch gelingen.
Am 31.10. 1957, dem Reformationstag, soll Pfarrer Heckel in seiner Predigt gesagt haben:

> „Du sollst Gott lieben und nicht andere Götzen neben ihm oder Götter. Wir haben heute politische Götzen. Wir leben hier in Angst und Furcht. Wir haben Angst um unser Haus und darum opfern wir unsere Kinder und schicken sie zur Jugendweihe. Ist das nicht furchtbar?" [94]

In der Folge kam es zu „Protestaktionen" gegen das „gesetzwidrige und antihumanistische Verhalten" Pfarrer Heckels, es wurde der Antrag an die Kirchenleitung gestellt, Heckel abzulösen. Barbara Neuhaus, Volkskammervertreterin, wußte:

> „Heckels Auftreten hat nichts mehr mit Christentum zu tun und ist gröbstes Vergehen gegen das Gesetz zum Schutz des Friedens, das verlangt, alle Bürger vor Boykotthetze zu schützen. Die DDR ist kein NATO-Tummelplatz nach faschistischem Rezept sondern ein Rechtsstaaat, in dem das Volk nuter (sic) Führung der Arbeiterklasse dafür sorgt, daß sich ein Buchenwald, Auschwitz und Sachsenhausen nicht wiederholen, unter welchem Deckmantel die Feinde des Volkes es auch versuchen mögen." [95]

Auch der Kreisvorstand der CDU, der LPG-Vorsitzende, die Inhaberin des Papiergeschäftes und andere Bürger mußten öffentlich in scharfen Worten „diese schamlose Hetze gegen unseren Arbeiter-und Bauern-Staat ... auf das schärfste" verurteilen.

TREPTOWER RUNDSCHAU

Zeitung der Nationalen Front, Stadtbezirksausschuß Treptow

November 1957

Christen distanzieren sich

Entrüstung gegen „Seelsorge" des Pfarrers Heckel

Proteste

Wir Eltern und Lehrer haben der heranwachsenden Generation gegenüber die Verpflichtung, unsere Schüler zu friedliebenden Menschen zu erziehen, die bereit sind, ihre Kraft in den Dienst der Gemeinschaft zu stellen. Um dieses Ziel zu erreichen, ist die enge Zusammenarbeit von Elternhaus und Schule unbedingt erforderlich.

Mit Empörung wenden wir uns gegen das Verhalten des Bohnsdorfer Pfarrers Herrn Heckel, der gleichzeitig Vater eines Schülers ist. In seiner Predigt am 31. Oktober 1957 nahm er offen gegen unsere wissenschaftlich fundierte Erziehungsarbeit in provokatorischer Art Stellung.

Da uns Lehrern die Verantwortung für alle unsere Schüler obliegt, können wir es nicht dulden, daß unsere Erziehungsarbeit durch Verleumdung untergraben und unsere Kinder in Gewissenskonflikte gebracht werden.

Wir wenden uns mit diesem Protest nicht gegen die ehrlichen Christen, sondern gegen jenen Vertreter der Kirche, der den christlichen Glauben zu Provokationen mißbraucht.

Wir fordern, dafür Sorge zu tragen, daß sich in Zukunft derartige Vorkommnisse nicht wiederholen.

Angenommen von allen Lehrern der 16. Mittelschule und der Elternversammlung

*

Im Pädagogischen Rat der 15. Grundschule wurde folgende Resolution gegen den Pfarrer Heckel beschlossen:

Über seine Äußerungen und sein Verhalten sind wir sehr empört. An unserer Schule wurden auch einige Schüler von ihm bedroht, die an der Jugendweihe teilnehmen wollen. Wir können auch ein Beispiel anführen, aus dem klar ersichtlich ist, daß Pfarrer Heckel absolut nicht als Pfarrer und Anhänger der Christenlehre handelt. Ein Schüler der 8. Klasse nahm an den Jugendstunden teil. Vor ein paar Wochen starb nun die Großmutter dieses Jungen, die christlich beerdigt werden sollte. Pfarrer Heckel lehnte diese christliche Beerdigung im Hinblick auf den an den Jugendstunden teilnehmenden Schüler ab und erreichte dadurch, daß die Mutter den Jungen wieder für den Konfirmandenunterricht anmeldete.

Wir Kollegen der 15. Grundschule wehren uns entschieden gegen derartige Druckmethoden dieses Pfarrers. Wir fordern deshalb die Einberufung einer Einwohnerversammlung zwecks Aussprache über das Verhalten des Pfarrers Heckel.

Das Kollegium der 15. Grundschule

*

In einer Beratung der Vorsitzenden der **Wirkungsbereichs-Ausschüsse der Nationalen Front im Wahlkreis I — Ortsteil Treptow —** protestierten diese gegen die unerhörten Beleidigungen und Ausführungen des Pfarrers Heckel in Bohnsdorf anläßlich einer Feierstunde. „Wir sind der Meinung, daß solche Vorkommnisse sich nicht wiederholen dürfen, und fordern die Abberufung des Pfarrers Heckel von seiner Funktion in Bohnsdorf. Die Ausführungen des Pfarrers Heckel sind ein Mißbrauch der Demokratie und sollen dazu dienen, die NATO-Politik in der DDR zu verherrlichen und Mißtrauen unter der Bevölkerung zu säen."

Protestresolutionen gegen den Bohnsdorfer Pfarrer Konrad Heckel, der u. a. in seiner Predigt zum Reformationstag 1957 den Druck zur Jugendweihe kritisiert hatte. Aus: Treptower Rundschau. Zeitung der Nationalen Front. Stadtbezirksausschuß Treptow. Extrablatt, November 1957. (Bohnsdorf ist ein Ortsteil des Stadtbezirks Berlin-Treptow).

STICHWORT DDR-Jugendweihe

Eine offizielle DDR-Definition liest sich so:
„Jugendweihe: gesellschaftliche Einrichtung in der DDR zur Unterstützung der politisch-ideologischen Bildung und Erziehung der Jugendlichen im 8. Schuljahr, speziell auf ihr Gelöbnis. Die J.(ugendweihe) setzt eine Tradition der revolutionären deutschen Arbeiterbewegung unter den Bedingungen der sozialistischen Gesellschaftsordnung in der DDR fort und entwickelt sie zum Nutzen aller Werktätigen und ihrer Kinder weiter. Als Teil des sozialistischen Bildungswesens trägt die J. dazu bei, den Jugendlichen die Grundlagen der sozialistischen Weltanschauung sowie hohe sittlich-moralische und kulturell-ästhetische Werte zu vermitteln. Ziel und Inhalt der J. kommen vor allem in dem Gelöbnis der J.teilnehmer zum Ausdruck. In öffentlichen J.feiern geloben die Jugendlichen, alle Kräfte für die allseitige Stärkung und das Wohl ihres sozialistischen Vaterlandes einzusetzen und im Geiste des proletarischen Internationalismus zu leben, zu arbeiten und zu kämpfen. Zur Vorbereitung auf das Gelöbnis nehmen die Mädchen und Jungen an Jugendstunden teil, denen ein zentrales Programm zugrunde liegt. Die gesamte Arbeit der J. wird von Ausschüssen für J. geleistet, die auf zentraler, Bezirks- und Kreisebene, in Städten, Gemeinden und Schulbereichen bestehen. Mitglied eines Ausschusses für J. kann jeder Bürger der DDR sein, der das sozialistische Bildungs- und Erziehungsziel anerkennt und bereit ist, die Beschlüsse des Zentralen Ausschusses für Jugendweihe verwirklichen zu helfen. Die Volksvertretungen und ihre Organe, Schulen, Eltern, FDJ-Organisationen, gesellschaftliche Einrichtungen, Betriebe, Kombinate und Genossenschaften unterstützen die Ausschüsse für J. bei der Durchführung der Jugendstunden und J.feiern. In den Jugendstunden werden interessante Gespräche über weltanschauliche und politisch-moralische Fragen unter Berücksichtigung der Kenntnisse, Erfahrungen und Probleme der Jugend geführt. Die Gespräche sind mit dem Besuch von Betrieben, staatlichen Organen, wissenschaftlichen und kulturellen Einrichtungen, Kampf- und Gedenkstätten der Arbeiterbewegung verbunden. Als Leiter der Jugendstunden und Gesprächspartner der Jugendlichen arbeiten bewährte Pädagogen mit lebens- und kampferfahrenen Arbeitern, Genossenschaftsbauern, Partei- und Staatsfunktionären, Wissenschaftlern, Künstlern und anderen Werktätigen zusammen. Sie beziehen die Jugendlichen aktiv in die Vorbereitung und Gestaltung der Jugendstunden ein und stützen sich dabei auf die FDJ-Kollektive und ihre Leitungen. Die J.feiern zum Abschluß der Jugendstunden sind Feste der Gesellschaft und der Familie. Durch das Auftreten hervorragender Persönlichkeiten als Festredner und durch die Mitwirkung von Künstlern, Ensembles und Volkskunstgruppen nehmen die Feiern einen bedeutenden Platz im geistig-kulturellen Leben der Städte und Gemeinden ein. Die J. wendet sich an alle Mädchen und Jungen im 8. Schuljahr, um sie mit Zustimmung ihrer Eltern für die Teilnahme an den Jugendstunden und J.feiern zu gewinnen. Die Teilnahme ist freiwillig.“ [96]

Durchsetzung der Jugendweihe in der Schule

Von Anfang an war die Jugendweihe eine Sache der Volksbildungseinrichtungen. Sehr bald wurde sie zu einer regulären Aufgabe der Klassenleiter in der 8. Klasse.[97] FDJ und andere Massenorganisationen wurden voll in die Durchführung eingespannt, ebenso Betriebe und Einrichtungen, die auch materiell die Jugendweihdurchführung zu stützen hatten.

„Wer sich zur Nicht-Teilnahme entschied (mit 13 Jahren in der 8. Klasse!-T.G.) , hatte in der Regel eine feste, eigene Überzeugung, oft eine christliche, gläubige Grundeinstellung, mußte sich mit der Jugendweihe inhaltlich auseinandergesetzt haben - und er war in der Klasse dann oftmals ein 'Ausgegrenzter' (wenn er z.B. nicht mit auf eine Fahrt der Klasse gehen konnte, denn die Klasse war zugleich die Jugendweihegruppe), meist aber gerade ohne Außenseiter zu sein. Das Freiwilligkeitsprinzip galt kaum auf dem Papier, in der Praxis nannten wir es 'freiwilligen Zwang', der unterschiedlich intensiv auf Jugendliche wie auf ihre Eltern ausgeübt wurde.“[98] Noch im Oktober 1989 hatte Egon Freyer allerdings behauptet: „Wir verwahren uns gegen die Unterstellung, ganz gleich, von wem sie kommt, daß Nichtteilnehmer durch die Gesellschaft benachteiligt würden.“[99] „'Wenn du nicht zur Jugendweihe gehst, brauchst Du Dich erst garnicht für einen Platz in der erweiterten Oberschule EOS bewerben' hat es früher geheißen“ weiß selbst Siegfried Jahr, Geschäftsführer der Interessenvereinigung Jugendweihe, heute zu berichten.[100]

Der Zwang und Druck, mit denen die Jugendweihe, „die ihrem Wesen nach immer eine antikirchliche Angelegenheit war“[101],

- gegen die Kirchen, aber
- in den Schulen durchgedrückt wurde,
- traf letztlich direkt die Schülerinnen und Schüler,
- und war mittelbar von den Familien auszuhalten.

Manche Einzelne und Familien blieben bewunderungswürdig fest in ihrer Haltung. Jedoch entstand für die meisten Schulkinder und ihre Familien ein solcher Zwang, daß die evangelischen Kirchen später nach Wegen suchten, wie man aus der aufgezwungenen Alternative und Konfrontation „Jugendweihe oder Konfirmation“ herauskommen konnte. Manche wohlmeinende Beobachter haben versucht, die Niederlage der Kirche an dieser Front zu verschönen, indem sie von einer falschen, und daher unnötigen Konfrontation von Konfirmation und Jugendweihe gesprochen haben, aus der man herauskommen müsse. Aber die Kirche hatte sich ja dieses Kampffeld nicht ausgesucht.

Realistisch hat der damalige Berliner Generalsuperintendent Dr. Günter Krusche auf einer Tagung in Westdeutschland die Lage der Kirche in der DDR auch an diesem Punkt eingeschätzt und den westlichen Kirchenleuten geschildert. Zum Thema: „Die religiöse Dimension in der Gesellschaft der DDR - Auf der Suche nach einer neuen Identität“ benannte Krusche 1987 die Niederlage und verschwieg den Druck als Hintergrund dieser Niederlage nicht :

> „Ein weiteres Elemente(sic) auf der Suche nach einer neuen Identität war sie (sic) sozialistische Lebensgestaltung. Bekanntestes Symbol einer solchen wurde die Jugendweihe. Die Kirche hat in den fünfziger Jahren, auf ihr volkskirchliches Erbe vertrauend, zunächst gewagt, die Konfirmation gegen die Jugendweihe (zu) setzen; sie hat aber den Kampf verloren. Die Jugendweihe gehört heute zum Selbstverständlichsten für die Durchschnittsfamilie; sogar überzeugte Christen sind dem Druck von Schule und Öffentlichkeit erlegen. Selbst die kirchliche Lebensordnung wagt nicht mehr, das krasse Entweder-Oder aufrechtzuerhalten, sondern rechnet mit der Jugendweihe als mit einem allgemein vorauszusetzenden Ritus, der ja nur deshalb so verbreitet ist, weil der Verzicht auf die Jugendweihe mit Nachteilen in Schule und Ausbildung erkauft werden muß.“ [102]

Da man an der Jugendweihe und dem staatlichen Druck nichts ändern konnte, blieb nur die Möglichkeit, dem individuell drückenden Zwang auszuweichen (oder nachzugeben) und die kirchliche Vorstellung von der Konfirmation nachgebend so zu verändern, daß sie nicht mehr in Spannung zur Jugendweihe stand. Wichtig wurde dafür ein Rückzug der Kirche, die Veränderung der Konfirmation aus einer Angelegenheit in der Öffentlichkeit zu einer innerkirchlichen Angelegenheit. Die Kirche eröffnete daher die Möglichkeit, nach der Jugendweihe die Konfirmation nachzuholen. (Ob eine andere, härtere Gangart der Kirchen Aussicht gehabt hätte, mehr volkskirchliche Substanz zu retten, ist heute müßig zu fragen - und eher unwahrscheinlich).

So konzentrierte sich nun auch der kirchenoffizielle Bedeutungsgehalt der Konfirmation in der DDR auf das *interne* Bekenntnis zur Gemeinde, auf das *private* Ja zur eigenen Taufe - bei denen, die nur zur Konfirmation gingen, aber auch bei denen, die sie nachholten. Daß der so herbeigeführte Öffentlichkeitsverlust der Konfirmation und der daraus resultierende Bedeutungsverlust der Kirchen der Strategie der SED entsprochen haben muß, ist oft vermutet worden[103] und wird jedenfalls im Kleinen auch durch die früheren Erfahrungen der Freireligiösen Gemeinden (S. 28) belegt.

4. Inhalte der DDR-Jugendweihe

Der Ablauf der Feier war traditionell, ähnlich wie bisherige Konfirmations- und Jugendweihetradition. Es gab für diese Feiern regelrechte Liturgien und vor allem Erläuterungen in eigenen Handbüchern wie dem „Handbuch zur Jugendweihe“[104)]

> „Als Wesentlichstes ist hier auf das öffentliche Ablegen des Gelöbnisses zu verweisen. Das ist der Kernpunkt jeder Feier, das Symbol für die sozial bedeutsame Handlung der Jugendlichen in die Gemeinschaft des werktätigen Volkes.“[105)]

Feierablauf

- Einzug der Weihlinge (oder Weihlinge sitzen bereits da, während die anderen den Saal betreten)
- Festrede
- Gelöbnis
- Nationalhymne
- Aufruf der einzelnen Teilnehmer,
- Überreichung der Urkunde und des Gedenkbuches,
- Blumenübergabe durch Junge Pioniere
- Danksagung eines der Geweihten für die Jahrgangsgruppe, (u.U. Gang zu den Müttern oder Eltern, individueller Dank an die Mutter durch Blumenübergabe)
- Auszug der Teilnehmer.

Umrahmt war alles mit (meist) klassischer Musik und ggF. noch dem Vortrag von Gedichten. Einen festen Platz nahm auch die Nationalhymne ein, die seit den siebziger Jahren wegen des Bezugs auf die Einheit der Nation nicht mehr gesungen wurde, sondern deren Melodie stehend angehört wurde. In einem Bericht heißt es rückschauend:

> „Zapplig standen wir zwischen den Schulbänken und probten das Gelöbnis zur Jugendweihe zum x-ten Male. Es war tödlich langweilig. Jeder wollte lieber an irgendeinem anderen Ort der Welt sein. Auf die Frage ‘Seid ihr bereit...für die große und edle Sache des Sozialismus zu kämpfen’ und so weiter und so fort, sollten wir schwören: Ja, das geloben wir. Aber es hörte sich auch beim achten Versuch wieder an, als hätten wir gesagt: Ja das glooben wir. Die Lehrerin zeterte, wir feixten.
> Aufgereiht standen wir dann in kneifenden Anzügen und hängenden Rüschenkleidern auf der Bühne, bemüht, nicht von den ersten Stökelschuhen unseres neuen Lebens zu fallen. Vor uns unsere Eltern und Tanten und Onkels. Sie hatten anstrengende Tage hinter sich. Das Essen, das Familienfest, die Garderobe - das Ritual mußte stimmen. Sie wußten, dieser Tag ist ein wichtiger Tag. Und es war furchtbar peinlich. Jeder wollte

so schnell wie möglich die blumenbringenden Jungpioniere, die schmatzenden Omas und den Lebensweisheiten und Parteitagszitaten dozierenden Festredner hinter sich bringen. Zum Schluß kam immer noch ein Goethe wie 'Man sollte alle Tage wenigstens ein kleines Lied hören...'. Das war 1980."[106]

Jugendstunden

Vorbereitet wurde die Jugendweihe durch 10 Jugendstunden, die über das, was in der Schule gelernt wurde hinaus auch zur gefühlsmäßigen Beeinflussung beitragen sollten. Gespräche mit „Veteranen", Betriebsbesichtigungen und Jugendweihefahrten, faktisch Klassenfahrten, standen weiter auf dem Programm.
Dadurch sollten sich die Jugendweihlinge die „Ideale und Werte des Sozialismus, die im Gelöbnis zum Ausdruck kommen, fest aneignen und zur Grundlage politisch bewußen Handelns machen."[107]
Mit immer konkreteren, zentralistisch vorgegebenen Programm"vorschlägen" und Zielsetzungen war man bis 1957 schon „von allgemein humanistisch formulierten Themen zu einem eindeutigen atheistischen Bekenntnis für den sozialistischen Staat gekommen."[108]

„... sondern weil er ein Untertan ist, so schwöret er" - Das Gelöbnis im Wandel der Zeiten

Alle Aktivitäten im Laufe des Jugendweihejahres sollten hinführen auf das „Gelöbnis". Schon früher hatte es Gelöbnisse bei der Jugendweihe gegeben. Anscheinend sind die Gelöbnisse, die das Versprechen der Selbstweihe, d.h. der Selbstopferung enthalten, Ziel der Vorbereitungsstunden und der Jugendweiheveranstaltungen gewesen. Vom Versprechen, „ein anständiger Mensch werden" bei den freireligiösen Feiern (s.o.) war man damit weit entfernt.

Ein früher Plan für eine „Staatskonfirmation"
Hallberg berichtet über den Plan einer „bürgerlichen Konfirmation" in Preussen 1787, der von Georg Christoph Gieseler ausgearbeitet wurde. Am Sonntag nach der Konfirmation sollten die Knaben „durch eine Bürgerliche Konfirmation auch näher an ihren König und ans Vaterland gekettet werden". Für diese „zweckmäßige mit Religion verbundene Feierlichkeit" sollten in der Kirche, deren Altar mit Bildnis, Krone und Scepter des Königs ausstaffiert werden sollte, die

Jugendstunde am

Ort

Wir erfüllen das revolutionäre Vermächtnis

Vorschlag: Laßt euch mit Traditionen der revolutionären Arbeiterbewegung bekannt machen. Forscht nach revolutionären Vorbildern in eurem Heimatkreis oder übernehmt die Pflege einer Gedenkstätte.

Unser sozialistisches Vaterland

Vorschlag: Versucht zu erfahren, warum erst die Macht der Arbeiterklasse ein menschenwürdiges Leben gewährleistet. Sprecht mit Erwachsenen darüber, wie jeder an der Machtausübung teilhaben kann.

Jugendstunde am

Ort

Jugendstunde am

Ort

Freundschaft zum Lande Lenins – Herzenssache unseres Volkes

Vorschlag: Ladet euch Gesprächspartner ein, mit denen ihr ergründen könnt, warum unserem Volk die Freundschaft zur Sowjetunion so am Herzen liegt. Überlegt, wie ihr als Freunde der UdSSR handeln könnt.

Der Friede ist kein Geschenk

Vorschlag: Sprecht in dieser Jugendstunde z. B. mit Angehörigen der bewaffneten Organe darüber, warum der Sozialismus Frieden braucht und schafft. Beratet gemeinsam, wie ihr den Frieden erhalten helfen und euch auf die Verteidigung eures Vaterlandes vorbereiten könnt.

Jugendstunde am

Ort

Jugendstunde am

Ort

Die Welt verändert sich

Vorschlag: Überzeugt euch davon, daß der Sozialismus immer weiter voranschreitet. Beispiele dafür findet ihr unter anderem im täglichen Weltgeschehen und in Leistungsschauen der Betriebe. Auch Mitglieder von Freundschaftsbrigaden können darüber berichten.

Deine Arbeit wird gebraucht

Vorschlag: Warum ist bei uns geachtet, wer seine Arbeit verantwortungsbewußt und mit Ideenreichtum vollbringt? Wie können Jugendliche den Reichtum des Volkes mehren helfen? Darüber solltet ihr vielleicht mit eurer Patenbrigade sprechen.

Jugendstunde am

Ort

Jugendstunde am

Ort

Wissenschaftlich-technischer Fortschritt – Herausforderung an Dich

Vorschlag: Überlegt einmal, weshalb gerade die Jugend aufgerufen ist, sich durch gutes Lernen und frühes Knobeln auf die Anforderungen von Wissenschaft und Technik vorzubereiten. Wie sieht wissenschaftlich-technischer Fortschritt aus? Was bewirkt er – vielleicht könnt ihr das in einem Betrieb erfahren.

Kultur und Kunst machen unser Leben reicher und schöner

Vorschlag: Durch den Besuch von Galerien, Museen, Konzerten und durch Gespräche mit Kunstschaffenden solltet ihr euch davon überzeugen, daß Kunst und Kultur zum Leben gehören. Laßt euch dazu anregen, die Freizeit inhaltsreich und schön zu gestalten.

Jugendstunde am

Ort

Jugendstunde am

Ort

Dein Recht und Deine Pflicht im Sozialismus

Vorschlag: In dieser Jugendstunde solltet ihr euch über Rechte und Pflichten sozialistischer Staatsbürger verständigen und anhand eures FDJ-Statutes und der Schulordnung prüfen, wie ihr zu Disziplin, Ordnung und Sicherheit beitragen könnt.

Der andere neben Dir

Vorschlag: Seid ihr schon ein gutes Kollektiv? Sprecht darüber! Beschäftigt euch in dieser Jugendstunde auch damit, welche Verantwortung der einzelne gegenüber der Gemeinschaft trägt und warum es zum sozialistischen Zusammenleben gehört, daß alle einander achten.

Jugendstunde am

Ort

Themenübersicht zu den Jugendstunden aus dem Teilnehmerheft 1983/84 „Meine Jugendstunden", herausgegeben vom Zentralen Ausschuß für Jugendweihe in der Deutschen Demokratischen Republik, (1983). Die Themen blieben bis einschl. 1989 unverändert. Reihenfolge und Erläuterung zu den einzelnen Themen variierten leicht.

Knaben versammelt und nach dem abgelegten Gelübde eine Erinnerungsmedaille erhalten.[109] Hallberg bezeichnet diesen Vorschlag als das erste nicht-kirchliche „Jugendweiheformular“ auf deutschem Gebiet. In der vorgeschlagenen „Liturgie“ heißt es u.a.:[110]

„Da ihr, geliebte Kinder, nun in das Reich des Königs von Preussen ... aufgenommen und seine Untertanen werden sollt, so ist es nötig, dass ihr demselben als eurem regierenden Herrn, hier vor dem allmächtigen Gott mit einem heiligen Eide Treue und Gehorsam angelobet“. Es folgen vier Fragen, in denen es um Treue und Gehorsam gegen den König und seine Gesetze geht, die Bereitschaft, dem König und dem Vaterland „mit Gut und Blut zu dienen und alle eure Kräfte zum Dienst des Vaterlandes“ anzuwenden; auch die Bereitschaft „in dem Vaterlande (zu) bleiben so lange es möglich und nützlich ist“ und nicht „wider den Willen des Königs außer Lande zu gehen“ mußte mit „Ja, wir schwören bei Gott“ beantwortet werden. Darauf sollte mit dem Versprechen des Königs geantwortet werden: „Wenn ihr euren Schwur haltet und treue Untertanen werdet, so will euch an seiner Seite auch der König als seine Kinder ansehen, lieben und landesväterlich für euch sorgen“.

Das Berliner Oberkonsistorium brachte den Plan, der dem König anscheinend schon gut gefallen hatte, mit schwerwiegenden Argumenten zu Fall:
- Die Konfirmation sei kein Eid, sondern Glaubensbekenntnis; den König zu ehren, sei darin schon eingeschlossen
- Die Ableistung eines politischen Eides, durch den die Obrigkeit unerhörte Machtbefugnis bekäme, sei etwas anderes und neues
- Pädagogisch gesehen sei es auch ein völliger Irrtum, auf die Hoch stimmung einer Feierstunde zu setzen.
- Im übrigen: „es ist einer deswegen kein Untertan, weil er schwöret, sondern weil er ein Untertan ist, so schwöret er“

Der Plan sei „unreif“, „unnötig“ und „schädlich“.[111]

Erstes Gelöbnis zur Jugendweihe (1955 - 1957)

„Seid ihr bereit, für ein glückliches Leben der werktätigen Menschen und für den Fortschritt in Wirtschaft, Wissenschaft und Kunst zu wirken?

Ja, das geloben wir!

Seid ihr bereit, für ein einheitliches, friedliebendes, demokratisches und unabhängiges Deutschland mit eurem ganzen Wissen und Können einzutreten?

Ja, das geloben wir!

Seid ihr bereit, im Geiste der Völkerfreundschaft zu leben und restlos alle eure Kräfte einzusetzen, um gemeinsam mit allen friedliebenden Menschen den Frieden zu verteidigen und zu sichern?

Ja, das geloben wir!

Wir haben euer Gelöbnis vernommen, ihr habt euch ein hohes Ziel gesetzt. Wir, die Gemeinschaft aller Werktätigen, versprechen euch dabei Förderung, Schutz und Hilfe.

Drittes Gelöbnis zur Jugendweihe (1968-1989)

GELÖBNIS

LIEBE JUNGE FREUNDE!
Seid ihr bereit, als junge Bürger unserer Deutschen Demokratischen Republik mit uns gemeinsam, getreu der Verfassung, für die große und edle Sache des Sozialismus zu arbeiten und zu kämpfen und das revolutionäre Erbe des Volkes in Ehren zu halten, so antwortet:
JA, DAS GELOBEN WIR!
Seid ihr bereit, als treue Söhne und Töchter unseres Arbeiter-und-Bauern-Staates nach hoher Bildung und Kultur zu streben, Meister eures Faches zu werden, unentwegt zu lernen und all euer Wissen und Können für die Verwirklichung unserer großen humanistischen Ideale einzusetzen, so antwortet:
JA, DAS GELOBEN WIR!
Seid ihr bereit, als würdige Mitglieder der sozialistischen Gemeinschaft stets in kameradschaftlicher Zusammenarbeit, gegenseitiger Achtung und Hilfe zu handeln und euern Weg zum persönlichen Glück immer mit dem Kampf für das Glück des Volkes zu vereinen, so antwortet:
JA, DAS GELOBEN WIR!
Seid ihr bereit, als wahre Patrioten die fest Freundschaft mit der Sowjetunion weiter zu vertiefen, den Bruderbund mit den sozialistischen Länder zu stärken, im Geiste des proletarischen Internationalismus zu kämpfen, den Frieden zu schützen und den Sozialismus gegen jeden imperialistischen Angriff zu verteidigen, so antwortet:
JA, DAS GELOBEN WIR!

Wir haben euer Gelöbnis vernommen. Ihr habt euch ein hohes und edles Ziel gesetzt. Feierlich nehmen wir euch auf in die große Gemeinschaft des werktätigen Volkes, das unter Führung der Arbeitsklasse und ihrer revolutionären Partei, einig im Willen und im Handel, die entwickelte sozialistische Gesellschaft in der Deutschen Demokratischen Republik errichtet.
Wir übertragen euch eine hohe Verantwortung. Jederzeit werden wir euch mit Rat und Tat helfen, die sozialistische Zukunft schöpferisch zu gestalten.

Aus: „Meine Jugendweihe“, Teilnehmerheft 1988/89. Umschlagrückseite, herausgegeben vom Zentralen Ausschuß für Jugendweihe in der Deutschen Demokratischen Republik.

„Wort zur Jugendweihe" - Ein Vorschlag nach der Wende (1989)

Im Wendeherbst wurde das bisherige Gelöbnis durch den Zentralen Jugendweiheausschuß ersetzt durch ein „Wort zur Jugendweihe", das dann 1990 auch noch teilweise Anwendung fand.

Es findet sich in einer „zweiten Fassung" in einem „Offenen Brief des Zentralen Ausschusses für Jugendweihe in der DDR: Wie geht es weiter mit der Jugendweihe?" der im folgenden dokumentiert wird.[112]

WIE GEHT ES WEITER MIT DER JUGENDWEIHE?

OFFENER BRIEF DES ZENTRALEN AUSSCHUSSES FÜR JUGENDWEIHE IN DER DDR

An alle Mitglieder und Helfer der Ausschüsse für Jugendweihe und ihre Kommissionen, an die Eltern und Pädagogen

Liebe Freunde!

Aus humanistischem und proletarischem Erbe wurde die Jugendweihe zu einem weit verbreiteten Fest der Jugendlichen und ihrer Familien in unserem Land. Als diese Tradition wollen wir die Jugendweihe erhalten, indem wir die Mädchen und Jungen über die Schwelle der Kindheit zum Jugendalter begleiten, diesen Schritt in ihrem Denken und Fühlen bewußt machen sowie öffentlich und feierlich herausheben.

Der Prozeß der demokratischen Erneuerung des Sozialismus in unserem Land verlangt auch eine neue Zielbestimmung der Jugendweihe bei der Bewahrung des Bewährten. Sie steht auch in Zukunft für alle 14jährigen, unabhängig von ihrer und ihrer Eltern Weltanschauung, Religion, sozialer Herkunft und politischer Organisiertheit, offen. Die Teilnahme ist mit keinem Bekenntnis zu einer Weltanschauung verbunden. Die Jugendweihe respektiert und toleriert alle weltanschaulichen Auffassungen außer neofaschistischem, rassistischem und völkerverachtendem Gedankengut. Sie beruht auf der freiwilligen Entscheidung der Mädchen und Jungen und ihrer Eltern.

Der Zentrale Ausschuß für Jugendweihe stimmt allen jenen zu, die eine grundlegende Änderung der Inhalte des Gelöbnisses und des Jugendstundenprogramms für notwendig halten, und unterbreitet allen Freunden der Jugendweihe dazu folgende Vorschläge:

Im Zentrum all unseres Trachtens steht der selbstbewußte aktive junge Bürger der Deutschen Demokratischen Republik, der sich als Erbe der humanistischen, antifaschistischen und demokratischen Grundlagen unseres Landes versteht und sich dem achtungsvollen Umgang mit anderen, dem Frieden, der gesunden Umwelt, der Demokratie, der sozialen Gerechtigkeit und Solidarität verpflichtet fühlt. Das findet seinen Ausdruck im Entwurf „Unser Wort zur Jugendweihe", das anstelle des bisherigen Gelöbnisses treten soll. Seit seiner Veröffentlichung erreichten uns viele Zuschriften, die im folgenden Wortlaut berücksichtigt sind:

Unser Wort zur Jugendweihe

In dieser feierlichen Stunde versprechen wir, ehrlich und aufrichtig zu leben und anderen Menschen mit Achtung und Verständnis zu begegnen.

Unsere Träume und Lebenswünsche können sich nur im Frieden erfüllen; wir werden ihn behüten und für eine friedliche Erde und gesunde Umwelt eintreten.

Durch fleißiges Lernen und gute Arbeit wollen wir dazu beitragen, unsere Heimat für alle Menschen lebenswert zu gestalten.

Aus der wechselvollen Geschichte und reichen Kultur unseres Volkes wollen wir lernen und seine humanistischen und antifaschistischen Traditionen fortsetzen.

Wir setzen uns ein für Demokratie und Gerechtigkeit, für tatkräftige Solidarität und ein freundschaftliches Zusammenleben aller Völker.

Der Wortlaut ist Diskussionsgrundlage und trägt Empfehlungscharakter.

Über die Einbeziehung des Textes in die Feierveranstaltung entscheiden die Mädchen und Jungen gemeinsam mit ihren Eltern, dem Festredner, dem Jugendstundenleiter und mit ihrem Jugendweiheausschuß. Sie sollten auch darüber bestimmen, wer den Text vortragen wird. „Unser Wort zur Jugendweihe" könnte auch Bestandteil der Dankesworte der Jugendlichen werden.

2

Der Zentrale Ausschuß für Jugendweihe wird mit den Erfahrungen der Jugendweihefeiern 1990 eine Zusammenfassung der Diskussion vornehmen und weitere Empfehlungen geben.

Liebe Freunde!

In guter Tradition soll die Zeit vor dem großen Tag der Mädchen und Jungen erfüllt sein von vielfältigen Erlebnissen, Exkursionen, Reisen und weiteren Veranstaltungen. Wir fördern deshalb interessante Gespräche bei Begegnungen mit Arbeitern in Betrieben, mit Bauern in Genossenschaften, mit Forschern in wissenschaftlichen Einrichtungen, mit Volksvertretern in den Räten der Städte und Gemeinden, mit Richtern und Staatsanwälten in den Gerichten, mit Künstlern und Kulturschaffenden in Theatern, Ateliers und Museen, mit Veteranen in Gedenkstätten und weiteren Bürgern.

Mit den Jugendstunden werden Möglichkeiten geschaffen, daß die Teilnehmer an der Jugendweihe ihre Fragen und Ansichten zum Leben, ihre Haltung und ihre Beziehungen zur gesellschaftlichen Umwelt kameradschaftlich erörtern können. Gerade heute sind wir verpflichtet, allen Mädchen und Jungen den Sinn und die Probleme des Aufbruches unseres Volkes für Menschenwürde, Demokratie, für einen besseren Sozialismus zu erschließen.

Neu stellen wir ein **Rahmenprogramm für die Jugendstunden** zur Diskussion, das vier Inhaltsgebiete umfaßt:

1. Was Du ererbt von Deinen Vätern ...

Dazu könnten Themen zu solchen Problemen gefunden werden wie:
Frieden für mein Land und für die Welt
Das Vermächtnis des antifaschistischen Widerstandes und wir
Kultur und Kunst gehören zum Leben

2. Die Arbeit – Quelle allen Reichtums

Dazu könnten Themen zu solchen Problemen gefunden werden wie:
Durch Arbeit zu Wohlstand – ist Arbeit nur Geldverdienen?
Wer ist klüger – der Mensch oder der Computer?
Der Umweltschutz geht alle an

3. Du und Deine Rechte und Pflichten

Dazu könnten Themen zu solchen Problemen gefunden werden wie:
Das Volk sind wir – mit 14 dabei
Vor dem Gesetz sind alle gleich
Von der Schülervertretung zur Volksvertretung

4. Ein Mensch, wie stolz das klingt

Dazu könnten Themen zu solchen Problemen gefunden werden wie:
Der andere neben mir – brauche ich ihn, braucht er mich?
Vorbilder im Leben – ja oder nein?
Solidarität – was bedeutet sie mir?
Mit Ellenbogen durch das Leben?
Wie weit geht Freundschaft – wann beginnt Liebe?

Im Gespräch mit der Jugendweihegruppe könnte aus jedem Komplex mindestens ein Thema ausgewählt und in den Jugendstundenplan aufgenommen werden. Darüber hinaus steht es jeder Gruppe frei, sich für andere Gebiete zu entschließen, darunter bisherige Themen, wenn sie die Mädchen und Jungen interessieren. Das wird natürlich abhängig sein von den territorialen Möglichkeiten und von der Zeitdauer bis zur Jugendweihefeier im März, April oder Mai.

Im Jugendstundenplan sollte auch eine Zusammenkunft der Jugendweihegruppe mit dem Festredner vor der Feier berücksichtigt werden.

Die Aussprache dazu wird von der Zeitschrift „Jugendweihe" unterstützt.

Liebe Freunde!

Die gesellschaftliche Bewegung Jugendweihe wird von selbständigen Ausschüssen für Jugendweihe geleitet, die an keine andere Organisation oder staatliche Einrichtung gebunden sind. Ihre Mitglieder kommen aus allen Bevölkerungsschichten und Berufen, sind von allen Parteien und Massenorganisationen, die die Ziele der Jugendweihe unterstützen, delegiert. Damit die Ausschüsse auf örtlicher Ebene als Repräsentanten und Organisatoren der Jugendweihe wirken können, sind alle Eltern, interessierte Bürger des Territoriums, eingeschlossen die Mitglieder der traditionellen und aller neuen demokratischen Parteien und Bewegungen, uns willkommen und zur Mitarbeit aufgefordert.

Viele Lehrer haben in der Vergangenheit als Jugendstundenleiter, Mitglieder oder Vorsitzende von Ausschüssen, als Organisatoren der Feiern, den Kindern und ihren Eltern zur Seite gestanden und viel getan, damit die Jugendweihe zu einer Volkstradition wurde. Wir würden uns freuen, wenn wir auch in Zukunft mit ihrem Rat und ihrer Hilfe rechnen können, wenn sie aus eigenem Entschluß gemeinsam mit den Eltern ihre Schüler auf dem Weg zur Jugendweihe unterstützen.

Liebe Freunde!

Große Erwartungen setzen die Mädchen und Jungen und ihre Eltern in die Jugendweihefeiern 1990 als ein beeindruckendes unvergeßliches Erlebnis. Diesen Erwartungen wollen wir gerecht werden.

Wir wenden uns deshalb an die Volks- und Berufskünstler, mit Liebe und Engagement ansprechende künstlerische Programme zu gestalten.

Wir bitten alle der Jugendweihe zugewandten Persönlichkeiten des gesellschaftlichen Lebens um ihre Bereitschaft, als Festredner zum guten Gelingen der Feiern beizutragen.

Wir wenden uns an die Leiter und Mitarbeiter in den Kultureinrichtungen, im Handel, in der Gastronomie, im Verkehr, in den Gärtnereien, die Ausschüsse für Jugendweihe bei der Gestaltung der Feiern und die Familien bei ihren festlichen Zusammenkünften zu unterstützen.

Meinungen und Vorschläge zur Frage
Wie soll es mit der Jugendweihe weitergehen?
bitten wir zu richten an:

Zentraler Ausschuß für Jugendweihe
in der DDR
Clara-Zetkin-Straße 16
Berlin
1080

5. Die „neue“ Jugendweihe

Vom Jugendweiheboom war viel die Rede. Und Veranstalter in Westdeutschland, die mit ihrem Jugendweihelatein z.T. schon am Ende waren, erhofften sich eine Erneuerung der Jugendweihe
- einfach durch den Schwung, den zehntausende von Teilnehmern im Gesamtbundesgebiet nun einmal in eine Sache hineinbringen,
- weil dadurch auch die Sache für Sponsoren und Medien interessant würde und
- weil die Jugendweihe aus der Winkelexistenz einer westlichen linken Freidenkersubkultur herauskäme.

Umgekehrt hofften Jugendweihevertreter im Osten, ihre Jugendweihe durch Unterstützung westlicher Sponsoren und Politiker wie den grünen Pfeil in die Einheit retten zu können.

Heute wird nun die *eine* Jugendweihe unter verschiedensten Bezeichnungen von zahlreichen und unterschiedlichen Organisationen im gesamten Bundesgebiet angeboten. Es gibt starke Konkurrenz aller mit allen und vor allem auch eine lebhafte Zusammenarbeit über alte und neue Grenzen und Differenzen hinweg. Die Kompatibilität der Veranstalter beweist: Nicht allein die Jugendweihefunktionäre West und die Jugendweihefunktionäre Ost sind austauschbar, auch die Jugendweihe selbst und die Bedürfnisse, die sie bei Veranstaltern und Teilnehmern abdeckt, sind in Ost und West, in Vergangenheit und Gegenwart weitgehend identisch, was schon 1959 galt:

> „Betrachtet man die Jugendweihe in Ost und West noch einmal, so kann man wohl sagen: Sie liegen beide auf der gleichen Linie, nur die Jugendweihe in der DDR ist der in Westdeutschland ein grosses Stück voraus.“[113]

50.000 bis angeblich 80.000 Jugendliche in den neuen Bundesländern, davon 1993 allein 27.000 im Freistaat Sachsen und immerhin mehr als 10.000 in Thüringen, aber auch 300 bis 500 Jugendliche in den „alten“ Bundesländern Westdeutschlands und aus Westberlin unterziehen sich pro Jahr den Jugendweihen der verschiedenen Anbieter. In Berlin bedeutet dies, daß noch etwa jeder zweite Jugendliche im früheren Ostberlin an einer Jugendweihefeier teilnimmt. Nach wie vor gehen auch ganze Klassen geschlossen zur Jugendweihe.

Jugendweihe in Westdeutschland

In den westlichen Bundesländern sind es vor allem die Freireligiösen Organisationen und die Freidenker, die an verschiedenen Orten noch kleinere Weih- und Feierstunden oder auch regelrechte Jugendstunden anbieten. Jugendweihegruppen von 10 bis 15 Jugendlichen (Frankfurt am Main) dürften eher die obere Ausnahme darstellen. Weniger aus ideologischer Übereinstimmung als vielmehr „mangels Masse“ an Teilnehmern hat man wieder mit der „gemeinsamen“ Veranstaltung von Jugendweihen begonnen. Eine Zunahme der Teilnehmerzahlen in Westdeutschland konnte bisher nicht festgestellt werden.[114)] In „Westdeutschland“ und „Westberlin“ lassen sich heute überschlägig drei Teilnehmergruppen der Jugendweihe feststellen:

- Mitglieder und Kinder von Mitgliedern freireligiöser Gemeinden und Organisationen;
- Mitglieder aus einem in Resten immer noch vorhandenen „proletarisch-kulturell“ geprägten Umfeld, zu dem oft auch Familien mit ausgeprägter sozialdemokratischer, sozialistischer, kommunistischer oder freidenkerischer Tradition zählen;
- Ehemalige „DDR-Bürger“, die vor (oder auch nach) 1989 in das Alt-Bundesgebiet kamen, und in ihrer Familie an dem in der DDR angefangenen Jugendweihebrauch festhalten.

Jugendweihe in Ostdeutschland

Die „neue“ Jugendweihe scheint vor allem in den größeren Städten der neuen Bundesländer (und an den größeren Schulen) weiter zu florieren, jedenfalls in Regionen, in denen es auch eine politische Infrastruktur für ein solches Angebot gibt; in Berliner Bezirken wie Hellersdorf und Marzahn z.B. haben sich, jedenfalls nach den Angaben der Veranstalter und einzelnen Hinweisen, auch 1994 noch ganze Klassen zur Jugendweihe angemeldet.

Die bisher (ausschließlich von den Veranstaltern) veröffentlichten Teilnehmerzahlen sind widersprüchlich und dürften sämtlich stark übertrieben sein. (Zu den Teilnehmerzahlen siehe die Bemerkungen in der Einleitung). Für Berlin wurden Anfang Februar 1994 beispielsweise noch 9470 angemeldete Teilnehmer genannt, 7250 bei der Interessengemeinschaft, 2220 beim Humanistischen Verband; dies bei ca. 35.000 Schülern der 8. Klasse in West und Ost. (Auch die Konfirmations- und Kommunionszahlen in Gesamt-Berlin bewegen sich übrigens in der Größenordnung von ca. 9.000). Das würde aber heißen, daß selbst in Ostberlin nur noch ca. 50 % der Schülerinnen und Schüler an der Jugendweihe teilnehmen.

Nach Angaben des Präsidenten des Interessenverbandes, Riedel, nehmen allerdings wiederum nur 50 % der Teilnehmer überhaupt die angebotenen Vorbereitungs-Veranstaltungen wahr (wobei Angebote wie Disco usw. sicherlich stärker frequentiert werden als inhaltliche Angebote). Vielleicht haben in Berlin weniger als 3000 Jugendliche überhaupt intensiveren Kontakt mit der Interessenvereinigung. Die immer wieder ausgesprochene „Verlängerung des Anmeldeschlusses" ist wohl weniger auf starken Andrang als vielmehr auf Teilnehmermangel zurückzuführen. Noch im Februar 1994 war es in Berlin möglich, sich „kurzentschlossen" zu einer „Spontanweihe" anzumelden.

Ablauf der heutigen Jugendweihe

In Westdeutschland erfolgt die Werbung für die Jugendweihe - abgesehen von der „selbstverständlichen" Fortführung von Familientraditionen - vor allem in den „klassischen Milieus" der oben angeführten Interessengruppen und besteht z.B. darin, „die uns in Gewerkschaften und linken Organisationen bzw. Kreisen erreichbaren Jugendlichen einzuladen".[115] Ergebnis in Hessen 1993: 15 Jugendliche als Teilnehmer.

Werbung und Anmeldung auch in der Schule

Anders sieht die Form der Einladung in den neuen Bundesländern aus. Geworben wird anscheinend immer noch bevorzugt im schulischen Milieu; die Veranstalter ermutigen dazu, Sammelanmeldungen abzugeben. Es gab sogar Berichte, daß Lehrerinnen und Lehrer, fast wie in alten Zeiten, die Anmeldeformulare im Unterricht verteilten - „um jedoch keinen Druck auszuüben" ausdrücklich nicht an Kinder, die an der Christenlehre der Ev. Kirche teilnehmen. Solche Werbung in den Schulen hat sich bis in den Herbst 1993 fortgesetzt.

- Kirchliche Vertreter forderten seit der „Wende" im November 1989 eine eindeutige Trennung von Schule und Jugendweihe.
- „Lehrer und Schulräte, die dies nicht begreifen, verraten ihre immer noch bestehende Bindung an ein altes, weltanschauungsorientiertes Schulsystem, erklärte dann im November 1990 der Bischof der Ev.-Luth. Kirche Thüringens, Werner Leich.[116]
- Im Mai 1991 forderte die Konferenz Evangelischer Kirchenleitungen erneut die deutliche Trennung von Jugendweihe und Schule.[117]

Jugendweihe findet weiterhin in der Schule statt. Hier: „Gratulation und Übergabe der Urkunde in der Kreuzschule in Dresden 1991." Gefunden in dem Jugendweihe-Geschenkbuch von A. Junghanns/ K.G. Neumann (Hrsg.) „Was ist der Mensch, was soll der Mensch? Gedenkbuch der Jugendweihe in Hamburg und Sachsen. Hamburg 1992, in dem die Jugendweihearbeit in den Schulen positiv dargestellt wird.

- Im März 1993 hatte die mecklenburgische Bildungsministerin Steffie Schnoor ihre Ablehnung der Werbung für die Jugendweihe damit begründet, daß diese untrennbar mit der Kriminalisierung und Verfolgung der Jungen Gemeinden verbunden sei. Sie untersagte daher die Werbung für die Jugendweihe und die Veranstaltung von Jugendweihen und Jugendstunden in schulischen Räumen. Wer aus dieser Tradition seine Identität ableite, solle keine Möglichkeit der erzieherischen Einflußnahme an Schulen und öffentlichen Einrichtungen erhalten.[118)]
- Im Oktober 1993 mußte die Pommersche Evangelische Kirche dennoch gegen massive Werbung für die Jugendweihe an Stralsunder Schulen protestieren. Werbung und allgemeine Austeilung und Einsammlung von Jugendweiheanmeldungen erfolgte an verschiedenen Schulen Stralsunds. [119)]

Aber keine der Jugendweiheorganisationen ist bisher bereit, auf die Werbung in der Schule zu verzichten. Besonders massiv - weil von alters her dort vertreten - wirbt die „Interessenvereinigung Jugendweihe“ in der Schule. Eine Lehrerin aus Meißen berichtet z.B. in einem Bericht, der offensichtlich zur Nachahmung anregen soll, wie sie mit ihrer Klasse die Jugendstunden zur Vorbereitung der Jugendweihe einschließlich Klassenfahrt durchgeführt hat:

> „Jugendweihe war und ist für mich ein Thema, das mich privat als Mutter und als Pädagoge beschäftigt.
> Im Frühjahr 1991 sollte mein Sohn seine Jugendweihe erhalten und gleichzeitig baten mich meine Schüler meiner 8. Klasse um Hilfe.
> Nach den veränderten gesellschaftlichen Bedingungen ist die Jugendweihe nicht mehr eine Angelegenheit der Schule. Eltern, junge Menschen, die Jugendweihlinge und viele Freiwillige werden in die Vorbereitung und Durchführung der Jugendweihe einbezogen.
> Viele Menschen, auch Lehrer verhalten sich noch sehr abwartend, wenn es darum geht, etwas für die jetztige, neue Jugendweihe zu tun. Aber warum sollte ich eigentlich nicht Partner außerhalb der Schule für meine Schüler sein?
> Wir, d.h. die Eltern Mädchen und Jungen und andere Helfer und Freunde berieten gemeinsam, wie unser ‘Jugendweihejahr’ aussehen sollte. Nicht die Erwachsenen sollten Vorgaben geben, es sollte die Angelegenheit der jungen Menschen werden. Nur war allerdings auch klar, daß sie unsere Hilfe brauchen.
> Eltern organisierten einen Besuch im Planetarium und im Verkehrsmuseum, die Mädchen luden eine Kosmetikerin ein und ich half einen Vortrag über Liebe, Sex und Schwangerschaft im Hygienemuseum zu organisieren. Kinobesuch und Buchbesprechung, ein Nachmittag mit einem Mann der ‘K’ (=Kriminalpolizei - T.G.) machten die Vorbereitung der Jugendweihe interessant. Unser Programm stand auch für die anderen Schüler

der Klasse offen, die nicht an der Jugendweihe teilnahmen. Toleranz fängt schließlich in der Klasse an. Und es war selbstverständlich, daß sie auch an unserer Abschlußfahrt nach Österreich teilnehmen konnten.
Höhepunkt für die Mädchen und Jungen und für ihre Familien war natürlich die Jugendweihefeier, die sie aktiv mit vorbereiteten. Auch den Festredner wählten sie selbst aus, es war übrigens ein ehemaliger Lehrer, der heute im Schulamt tätig ist.
Ich freute mich natürlich über die Einladung zu ihrer Feier und war nicht wenig aufgeregt, als sie mich baten, sie in den Saal zu führen."[120]

Auch der Humanistische Verband Deutschlands wirbt massiv in den Schulen. Die Jugendweiheverantwortliche führte aus:

„Unsere Hauptstrecke der Werbung ist, daß wir das *über die Elternvertretungen* machen, ... daß wir uns direkt an die Schüler der achten Klasse und ihre Eltern, wo es möglich ist, auch an die Lehrer wenden, die also auch bereit sind, in ihrer Freizeit mit den Schülern ihrer Klassen etwas zu machen. Das ist unser Hauptfeld der Werbung. ... Lehrer hatten mit der Wende Angst, etwas hinüber zu nehmen und in die Schule hineinzutragen ... vor der Wende...da war es selbstverständlich, daß sie sich um die Jugendweihe gekümmert haben. Davon haben sehr viele Abstand genommen ... ich denke auch aus Ängstlichkeit heraus... Es gibt jetzt wieder Ansätze, daß sie sich einfach mit drum kümmern, daß sie ihre Eltern und Schüler darauf aufmerksam machen,... sich anbieten, *organisatorisch zu wirken, daß also Listen erstellt werden, usw.* Inhaltlich arbeiten Lehrer nicht direkt mit ihren Kindern." [121]

Diese Nutzung der Schulen zur Werbung ist m.E. verfassungswidrig. Sie dürfte auch den Schulgesetzen der einzelnen Bundesländer widersprechen. Schon das Volksbidungsministerium der vorletzten DDR-Regierung unter Ministerpräsident Modrow hatte die Empfehlung erlassen, solche Aktivität zu unterlassen. In „Arbeitsstandpunkt, eine Empfehlung des Ministeriums für Volksbildung" vom 6.2.1990 an die Bezirksschulräte heißt es:

„...Gesellschaftliche Organisationen wenden sich mit ihren Anliegen direkt an die Kinder und Jugendlichen bzw. an deren Eltern. Alle damit verbundenen Fragen sind nicht Bestandteil staatlicher Bildungs- und Erziehungsarbeit und werden in diesem Sinne nicht vom Direktor bzw. den Lehrern und Erziehern der Schule verantwortet. Beispielsweise ist der Entschluß zur Teilnahme an der Jugendweihe allein Sache der Eltern und ihrer Kinder." [122].

Aber möglicherweise fühlt man sich jetzt schon wieder gebraucht. Westliche Sponsoren und Bürgermeister werden auch mit großem Nachdruck als Unbedenklichkeitsbeweise in den Vordergrund gerückt. In der Frage der Werbung in der Schule wird z.T. auch behauptet, man mache damit nur das, was die Kirchen mit dem Religionsunterricht wahrnehmen würden. Jedoch ist das Gegenüber zum Fach Religion das Fach Ethik. Auch wird ja sonst immer betont, die Jugendweihe sei gerade nicht eine Konkurrenzorganisation zur Kirche!

Schule und Jugendweihe in Gesamt-Berlin
In Berlin gibt es sogar nach dem Berliner Schulgesetz von 1947, damals mit den Stimmen von SPD und SED beschlossen, für den Freidenkerverband (heute: Humanistischer Verband Deutschlands) die Möglichkeit, einen eigenen „freidenkerischen Religionsunterricht", offiziell „Lebenskunde" genannt, durchzuführen. Die Werbung für diesen freidenkerischen „Religionsunterricht" findet an allen Schulen Berlins statt. In der Werbung wird ebenfalls auf die Jugendweihe/Jugendfeier des Verbandes hingewiesen.

Kosten
Die verschiedenen Anbieter der Jugendweihe oder Jugendfeier bieten heute die Teilnahme an der Jugendweihe zu unterschiedlichen Preisen. Darin kommt zum Ausdruck, daß es sich bei den Jugendweihe-Teilnehmern zumeist nicht um Mitglieder der veranstaltenden Organisationen, sondern um Nutzer eines Dienstleistungsangebots handelt. Bei der „Interessengemeinschaft Jugendweihe" müssen 1994 z.B. 100,- DM als Teilnehmergebühr bezahlt werden. Einzelne Veranstaltungen sind eigens zu bezahlen. Demgegenüber verlangt der „Humanistische Verband Deutschlands" zwar nur 75,- DM Anmeldegebühr, verkauft aber für die teilnehmenden Angehörigen die Eintrittskarten zur „Jugendfeier" für DM 6,-

Jugendstunden
Die Jugendstunden oder Vorbereitungssitzungen in freireligiösen Gruppen oder bei Jugendweiheveranstaltern in Westdeutschland ähneln heute vielfach der weitgehend verbindlichen Projektarbeit von Schulen oder auch Konfirmandenunterrichtsgruppen, z.T. haben sie aber wohl nach wie vor festumrissene, schulungsartige Ziele.
Anders sieht es mit den Angeboten in Ostdeutschland aus. Können Jugendweiheteilnehmer in den großen Städten aus einer Fülle von Aktivitäten und Themen auswählen (wenn sie überhaupt wollen und wenn sie einen noch freien Kurs erwischen, was anscheinend nicht so einfach ist) so sieht es auf dem Lande oder auch schon in mittleren Städten wie Hoyerswerda schwierig aus.
Nur etwa 50% der Jugendweiheteilnehmer bei der Interessenvereinigung besuchen überhaupt die verschiedenen Veranstaltungen zur

Freitag, 7. Januar 1994

44 Berliner Zeitung – Nr. 5

Briefe an die Berliner

Unsere Postadresse: Berliner Zeitung, 10171 Berlin

Motzki hatte wenigstens noch Stil

Wir sind bitter enttäuscht über die neue vielversprechende FS-Serie „Trotzki".

Platt chen o nachc

Um zahlreiche Leser zu Wort kommen zu lassen, müssen wir lange Briefe sinnwahrend kürzen. Je prägnanter Sie schreiben, desto höher ist die Chance, daß Ihre Gedanken abgedruckt werden. Beim Absender bitte nicht Postleitzahl und Stadtbezirk vergessen. Wer es eilig hat: Fax 23 27 55 52.

Die Jugendweihe ist für viele Jugendliche nach wie vor ein wichtiger Schritt, um in den Kreis der Erwachsenen aufgenommen zu werden. Foto: dpa

Schwimmen oder basteln als Alternative

Vor einem Jahr konnte ich einem 13jährigen Burschen aus einem Kinderheim in meinem Haushalt ein neues Zuhause geben. Nun soll diesem Schritt mit der Jugendweihe 1994 ein weiterer Höhepunkt im Leben des Jungen hinzugefügt werden.

Ende August besuchte ich deshalb das Kontaktbüro der Interessenvereinigung Jugendweihe, die verspricht, in der Zeit des Übergangs vom Kind zum Jugendlichen Ratgeber junger Menschen zu sein sowie ihnen zu helfen, selbstbewußt den Weg ins Erwachsenenleben zu gehen.

Nach persönlicher Information über Abläufe in der Vorbereitung bis zur Durchführung der Jugendweihefeierstunde 1994 zahlte ich einen Betrag von 100 Mark. Zum 1. November 1993 wurde ein Programmverkauf für Veranstaltungen ab Januar 1994 zugesichert. Die Jugendweihlinge sollten sich aus 246 Veranstaltungsvorschlägen die für sie interessantesten raussuchen. Mit dem ausgefüllten Vordruck seiner Teilnehmerwünsche fuhr der Bursche, glücklich und voller Vorfreude, zur einmal wöchentlichen Sprechstunde in sein Kontaktbüro nach Weißensee. Eine von zwei dort diensthabenden Kontaktpersonen nahm seine Bitte entgegen, sich für mehrere Veranstaltungen vormerken zu lassen (wohlwissend, daß alle zur Verfügung stehenden attraktiven Angebote schon an Freunde und Bekannte vergeben sind). Ohne sich seine „Wunschliste" zeigen zu lassen, schickte sie den Jungen wieder nach Hause, er müsse im voraus bezahlen ...

Enttäuscht kommt der Junge zu Hause an, fährt mit 60 Mark in der Tasche immer noch hoffend ein zweites Mal nach Weißensee. Nun geht alles sehr schnell: Seine Veranstaltungswünsche werden vom ersten bis zum letzten Punkt durchgestrichen. Ersatzangebot: Du kannst basteln oder aber schwimmen gehen ...

All seine Hoffnungen zerplatzten wie Seifenblasen. Ist dies die Vorbereitung vom Abschied aus der Kindheit?

K[redacted] W[redacted]
Berlin-Falkenberg

Außriß aus der Leserbriefseite der Berliner Zeitung vom 7. Januar 1994. Der Name des Leserbriefschreibers wurde von mir geschwärzt. – T.G.

Vorbereitung (Eigenangabe). So erscheint die großartige Satzungsänderung, bei der die „Humanistische Jugendarbeit“ der Jugendweihe vorangestellt wurde (s.u.) als besonders unangebrachte Kosmetik, die wohl nur dazu dient, die Organisation erst einmal „in Übereinstimmung mit dem Kinder- und Jugendhilfegesetz“ vorstellen zu können, was staatliche Förderung ermöglichen und steuerliche Vorteile für Sponsoren bringen kann.
Obwohl die Jugendweihe selbst und die versprochene Jugendarbeit gerade mit den Problemen junger Leute begründet wird, ist hier wirkliche Hilfe nicht in Sicht. Die Inhalte sind beliebig. Nicht nur Jugendliche mahnen aber gerade Inhalte an, wollen wirklich etwas erfahren in den Jugendstunden. Für viele Eltern ist die Erwartung, daß es Lebensorientierung und Information über die neuen Verhältnisse gibt, vielleicht ein Grund, ihre Kinder dort hinzuschicken. Aber darauf ist man, wenigstens bei der Interessengemeinschaft, nicht eingerichtet.
Zu der mangelnden inhaltlichen Arbeit auf Grund fehlender Angebote, aber auch auf Grund mangelnder Verbindlichkeit beklagte Folkhard Bremer, dennoch nicht ohne Sympathie für das Grundanliegen der „neuen Jugendweihe“, in der Lausitzer Rundschau:

> „Eine Chance wurde vertan, gemeinsam mit den Interessierten nach fast 40 Jahren hohlem Pathos und sinnentleerter Phrasendrescherei neu über die Frage nachzudenken, ‘was ist der Mensch, was soll der Mensch?’, so der Titel des Gedenkbuches aus dem vergangenen Jahr.
> Wird unausgesprochen die alte sozialistische Planübererfüllung weiter praktiziert, wenn in den kommenden Wochen in Hoyerswerda über 650 Kinder zu Jugendlichen geweiht werden? In Jeder Schwangerschaft haben Vater und Mutter Zeit, sich auf ihre Elternschaft vorzubereiten. Den Kindern in dieser Stadt aber wurden in der teilweise neunmonatigen Vorbereitungszeit auf das Fest kaum Möglichkeiten an die Hand gegeben, sich neu und ohne Zwang mit der Tradition und den Werten der Jugendweihe frei auseinanderzusetzen. Felizitas Böhm antwortet auf die Frage nach den Vorbereitungskursen ausweichend. ‘Schulzeit und Hausarbeit nehmen viel Zeit in Anspruch.’“ [123)]

So hat sich heute vordergründig das Angebot ersteinmal auf die Feier, das Ritual verkürzt. Dennoch bleibt, sowohl für die Veranstalter, als auch für kritische Beobachter die Frage nach den Inhalten bestehn, die ja in der Feier dann gebündelt zum Ausdruck kommen sollten.
„Man muß den jungen Leuten eine Orientierung geben, etwas Lebendiges, was ihnen Halt gibt. Nur Friede-Freude-Familienfeier werden dem nicht gerecht.“ [124)] kritisierte deshalb der Propst der Kirche von Berlin-Brandenburg, Furian.

STICHWORT: Sternwarte

Eine besondere Rolle spielt bei allen Anbietern der Besuch in einem Observatorium oder gar einem Planetarium. Manchesmal finden auch die Feiern in einem Planetarium statt (z.B. in Berlin). Die Beobachtung der Sternenbewegung in einem Observatorium soll dazu beitragen zu zeigen, daß geozentrisches und heliozentrisches Weltbild ausgespielt haben. Der Blick durchs Fernrohr sollte (materialistische) Weltanschauung sinnlich möglich machen. Deshalb heißt es in einem Bericht über eine Konzeption für Jugendstunden nach der Aufzählung aller möglichen Themen: „Immer gehört dazu auch ein Wochenendseminar und ein Besuch im Planetarium“[125)]

„Die Fragen der Jugend nach dem Aufbau es Weltalls, der Entstehung unseres Planeten, nach dem Ursprung und der Entwicklung des Lebens auf der Erde bewegen die Menschheit seit Jahrtausenden. Die Wissenschaft beantwortet sie auf materialistische, natürliche Weise. Sie läßt keinen Raum für Mystizismus, Aberglauben und andere idealistische Vorstellungen von der Beschaffenheit der Welt. Die Wissenschaft beweist, daß die Welt und ihre Gesetzmäßigkeiten erkennbar sind und daß es für den forschenden Menschen keine ‘ewigen Rätsel gibt. Was uns heute noch verborgen ist, werden wir mit Sicherheit morgen wissen.“[126)]So hieß es 1962. Besonders in der Zeit der ersten Sputniks und Luniks sollte durch Besichtigungen und Vorträge die Meinung verstärkt werden, der fortgeschrittenen sozialistischen Wissenschaft sei alles möglich. Der Blick in die Unendlichkeit des Weltalls ließ die Schöpfermacht des Menschen umso größer erscheinen. „Der Mensch hat erkannt, wie ungeheuer groß das Weltall ist, ein wie kleines Stäubchen seine Erde darin darstellt , wie winzig er selber sich ausnimmt. Das vermag ihn bescheiden zu machen, darf aber auch zugleich seinen Stolz stärken. Denn seine führenden Köpfe sind es gewesen, die im Verlauf von wenigen Jahrhunderten - nachdem die geistige Dunkelheit des Mittelalters weichen mußte - diese erstaunlichen Erkenntnisse ans Licht gebracht“[127)] In ähnlichem Zusammenhang heißt es später: „Das ist nicht etwa ein Gottesgeschenk, sondern der Mensch hat es sich selbst erkämpft.“ Die vom Menschen geschaffenen und ausgestalteten zwischenmenschlichen Beziehungen, heißt es schließlich optimistisch, würden ihn „mehr und mehr zum bewußt sittlichen Wesen“ machen. [128)]

Auch heute finden Besuche in Planetarien statt, oft mit einer modernen religiösen Frage verbunden: „Zum ‘Renner’ für Jugendstunden wurde der Vortrag ‘Besuch aus dem All - Utopie oder Wirklichkeit?’ Ihr könnt Euch sicher denken, daß es um die ‘kleinen grünen Männlein’ geht. Haben sie uns schon besucht? Hinterließen sie Spuren auf der Erde?“[129)] Noch heute kann in einem Jugendweiheheftchen heißen: „Ja sogar bei Atomexplosionen sind wir überzeugt, daß sie bei richtiger Steuerung so vor sich gehen, wie es diejenigen gewollt haben, die sie verursachten. Also auch hier herrscht nach wie vor das Gesetz der Kausalität.“[130)] Wissenschaftsgläubigkeit scheint heute die Stelle des Glaubens an den wissenschaftlichen Sozialismus einzunehmen.

Die Feier

Heute wird von allen Veranstaltern in West und Ost heftig darauf hingewiesen, daß es kein Gelöbnis mehr gebe. Gelöbnisse sind aber nur ein, nicht notwendiges, Charakteristikum der Jugendweihe. Stets hat es auch solche Jugendweihen ohne Gelöbnisse gegeben. „Weihesprüche" - für die ganze Gruppe, tw. aber auch wie Konfirmationssprüche individuell vom Jugendstundenleiter oder den Jugendlichen selbst ausgesucht, gibt es aber immer noch.
Die Feier hat ihre Flexibilität erwiesen, auch unter den neuen Verhältnissen halbwegs zu funktionieren. Der Ablauf der Feier ist im Großen und Ganzen geblieben, auch wenn es nun Veranstaltungen völlig ohne klassische Musik gibt.

- Feierlicher Einzug der Jugendweihlinge; dabei werden sie „eingeführt" durch eine besondere Vertrauensperson, z.B. die Klassenlehrerin,
- Begrüssung und Conference durch das von kulturellen Darbietungen unterbrochene Programm:
- Weiherede, (Weihespruch),
- Überreichung von Urkunden,
- Gratulation durch die Veranstalter,
- Überreichen von Blumen (durch kleine Kinder),
- (örtlich: Dankrede der Jugendlichen)
- Kulturprogramm.

Jugendweihebücher[131)]

Von Anfang an wichtig geworden, weil sie das in den Jugendstunden gelehrte untermauerten und legitimierten, sind die „Geschenk-" oder auch „Gedenkbücher". Schon 1922 gab es übrigens ein Buch mit dem Titel Himmel-Erde-Mensch. Ein Buch mit dem ähnlichen Titel „Weltall-Erde-Mensch"[132)] wurde zum DDR-Klassiker der Jugendweihe. Damit wurde am Ende des ersten Jugendweihejahres, im Frühjahr 1955 die angeblich für Christen offene, in Wirklichkeit aber atheistisch-materialistische Ausrichtung der Jugendweihe unübersehbar. Mehrfach wurde das Buch verändert. Die Neuauflage 1962 begann dann sogar mit dem Satz Ulbrichts: „Dieses Buch ist das Buch der Wahrheit" [133)].
Ab 1975 folgte „Der Sozialismus-Deine Welt" mit einem Foto des bekannten „Schwerter zu Pflugscharen"-Denkmal des sowjetischen

Bildhauers J. Wutschetitsch, das die Sowjetunion der UNO geschenkt hatte und das für die christliche Friedensbewegung in der DDR bedeutsam wurde.[134] Ab 1983 erschien „Vom Sinn unseres Lebens".[135] In diesem letzten DDR-Jugendweihe-Buch steht wieder der dialektische Materialismus im Vordergrund. Das grafisch ansprechender gestaltete Buch ist allerdings von den Texten her weniger anspruchsvoll.

Neue Jugendweihebücher

Nach der Wende kam es zu Schwierigkeiten bei der Buchbeschaffung. Die alten Bücher waren schwerlich noch aufzubrauchen.
Bereits 1992 erschien, mit einer Startauflage von 35.000, ein „Gedenkbuch der Jugendweihe in Hamburg und Sachsen" mit dem Titel „Was ist der Mensch, was soll der Mensch?"[136]Das Büchlein ist immerhin geschmückt mit einem Grußwort des Ersten Bürgermeisters der Freien und Hansestadt Hamburg, Dr. Henning Voscherau, in dem dieser behauptet, die

> „in der Arbeiterbewegung des vorigen Jahrhunderts entstandene Tradition der Jugendweihe steht für das Bestreben , junge Menschen im Geist von Aufklärung, Liberalität und Toleranz auf ihrem Weg zu selbstständigen (sic) und selbstbewußten Mitgliedern der Gesellschaft zu unterstützen."[137]

Das Buch, das von dem sächsischen Landesverband der Interessengemeinschaft Jugendweihe verbreitet, und auch in anderen Landesverbänden als Werbemittel eingesetzt wird, bietet auch ältere Texte an. (Wesentlich ausgeschlachtet wurde offensichtlich das Buch „Junge Menschen in unserer Zeit"[138] vom Ende der sechziger Jahre.) In Reden und eingestreuten Aphorismen „Bekenntnisse freier Geister" gibt es nach wie vor durchaus auch Angriffe in Richtung Kirchen wenigstens mit dem Tenor:

> „Die Kirche hat das natürliche Lebensziel erreicht, überflüssig geworden zu sein..." [139]

Dies, obwohl von der Interessengemeinschaft behauptet wird, die Jugendweihe sei für alle offen, ein Angebot auch für Christen.
In dem Kapitel „Ein kleiner Überblick über die Weltreligionen" werden „Zum Christentum" neue Erkenntnisse verbreitet:

> „Die Ursachen für die Entstehung des Christentums werden in den sozialpolitischen Verhältnissen des Römischen Reiches im 1. Jhd. u.Z. (d.h. im 1. Jhd. n. Chr. - T.G) gesehen." (...) Die Anhänger Jesu Christi „standen vor der Frage, ob sie einen Zweig des Judentums oder eine neue Reli-

gion vertreten. Der endgültige Bruch erfolgte offenbar in der Mitte des 2. Jhd. u.Z.
In dieser Zeit entstand auch nach und nach das „Neue Testament", das vor allem den Lebensweg Jesus Christus nachzeichnete. In die christliche Religion flossen aber nicht nur jüdische Traditionen, sondern auch die neuesten griechischen Philosophien ein.
War der Anfang des Christentums, auch als Urchristentum bezeichnet, von einem starken sozialen Charakter, der Verteidigung und Vertretung der Armen geprägt, so wurde durch den wachsenden Einfluß des Christentums dieses auch in immer stärkerem Maße staatstragend.
Um 380 wurde das Christentum durch Kaiser Konstantin I. zur Staatskirche erhoben. In diesem Spannungsfeld zwischen urchristlichem Anspruch und staatserhaltender Machtmechanismen des Klerus kam es immer wieder zu Spaltungen.
Christliche Gruppierungen sind heute kaum noch zu zählen. Zu den Hauptvertretern gehören die Katholiken (abgeleitet von Kat' holon ten= über die ganze Erde verbreitet) und den Evangelen (sic - d.h. das steht tatsächlich so da! - T.G.), die auf die Reformationsbewegung des 16. Jhd. zurückgehen, die sich von der durch den Papst bestimmten und mit der weltlichen Macht eng verflochtenen Kirche lösen wollte (u.a. Martin Luther, Calvin, Zwingli). (...)"

Sicher kann sich die Kirche weder aussuchen, wie sie von Außenstehenden beschrieben, noch wie sie benannt oder karikiert wird („den Evangelen"). Aber was ist mit dem Anspruch der Freidenker, ernstgenommen zu werden? Wie will man Jugendliche informieren und unterrichten, wenn aus der Besserwisserei der Jahrhundertwende nun schlichte Unkenntnis geworden ist?

* Im Neuen Testament enthalten zwar die vier Evangelien Schilderungen aus dem Leben Jesu, vor allem aber Predigten, Wundergeschichten, Gleichnisse. Ebensoviel Textumfang im Neuen Testament stellen Briefe und Apostelgeschichte. Der Schüler-Duden Religion schreibt zur Entstehung des Neuen Testaments: „Die Bücher des N.T. sind in einer für heilige Schriften außerordentlich kurzen Zeit nach dem Wirken Jesu entstanden. Der vermutlich älteste Paulusbrief, der 1. Thessalonicherbrief, wurde 50 n. Chr. verfaßt, das Markusevangelium um 70 n. Chr., die übrigen Evangelien etwas später. Bereits um 120 n. Chr waren alle Schriften des N.T. abgeschlossen."[140)]
* Konstantin der Große stellte zwar die Christenverfolgungen ein (Toleranzedikt von Mailand 311) und machte die Kirche mit allen anderen Kulten gleichberechtigt. Konstantin starb aber bereits 337. Erst Kaiser Theodosius I. machte 380 die Kirche zur Staatskirche.[141)]
* „katholisch (von griechisch katholikos 'alle betreffend, allgemein-

gültig' wurde zuerst (...) auf die (...) 'für alle' gestiftete Kirche bezogen.(...)[142]

Immerhin wurde das Buch „Was ist der Mensch, was soll der Mensch?" 1992 in großer Auflage unter Jugendweihlingen in Hamburg und Sachsen verteilt. Ob solche schiefen Orientierungen auch künftig in Jugendweihepublikationen weiterverbreitet werden?

„Deutschland - so schön ist unser Land"

Mußten die Jugendweihlinge in den neuen Bundesländern (außer Sachsen, s.o.) 1992 noch mit einer Pyramide mit Digitaluhr als Jugendweihepräsent vorlieb nehmen, hat sich ab 1993 eine neue Lösung gefunden: Bertelsmann und die Bausparkasse Schwäbisch-Hall sponserten 1993 und 1994 den Fotoband „Deutschland - so schön ist unser Land". Das Buch wurde angeblich „von der Bertelsmann-Lexikothek-Redaktion eigens für" die Jugendweihlinge geschaffen. Einzige Bedingung der großzügigen Sponsoren war aber die Weitergabe der Anschriften jener angeblich 70.000 Jugendweihlinge der Interessenvereinigung - wahrlich ein Schnäppchen. Bertelsmann - übrigens mit dem zur Verlagsgruppe gehörenden Goldmannverlag heute einer der größten esoterischen Verleger in Deutschland, ja in Europa - rundet sein Profil nun in jeder Richtung ab. Und ebenso interessant, mit welchem Sparren die Werbeabteilung der Bausparkasse Schwäbisch-Hall ihr Image pflegt.

Das Buch ist ein illustrierter Autoatlas einschließlich Verzeichnis der Autokennzeichen und enthält als inhaltliche Aussage ein Vorwort von Werner Riedel, nachdem „jeder seines Glückes Schmied" sei.

Der Mangel an sonstigen Inhalten in dem teuer aufgemachten Band führte dazu, daß die Interessenvereinigung seit 1993 einen kleinen Erzählband als Zugabe beifügt. 1994 soll es „Als Hitler das rosa Kaninchen stahl" von Judith Kerr sein.

Jugendweihe – wozu?

Die Schwierigkeit mit den Inhalten gibt es nicht nur bei den Jugendweihebüchern, sondern scheint ein grundsätzliches Problem -jedenfalls der Außendarstellung - der Jugendweihe zu sein. „Konfessionslosigkeit" ist ja nun einmal noch kein Inhalt, und auch der „Freidenker" wird sich, nachdem man vernommen hat *wie* er denkt, die Frage gefallen lassen müssen, *was* er denn denkt.

Auch die für manchen noch aufgeladenen Begriffe Sozialismus, Atheismus, Aufklärung erweisen sich ohne nähere Bestimmung in Verbindung mit der Jugendweihe als Träger problematischer Traditionen. Oft erweist sich sogar, daß die Erben und Benutzer dieser Begriffe gänzlich unkritisch gerade die problematische Wirkungsgeschichte idealisieren.[143] Auch der Rückgriff auf proletarische Traditionen, die keinen Ansatzpunkt mehr in der Gegenwart haben wirft mehr Fragen auf, als er beantwortet. Übrig bleibt davon meist nur ein kirchenkämpferisches Pathos, mit dem die Kirche für alles verantwortlich und bekämpfenswert gemacht wird.

Jugendweihe - kein Inhalt, sondern Passageritus?

Manchmal wird die Jugendweihe auch von Veranstaltern schlichtweg als „Passageritus“ (d.h. eine ritualisiertes Übergangsprozedur von einer Lebenssituation in eine andere, neue) gedeutet; und sie selbst, die Organisatoren, seien nichts weiter als die unentbehrlichen Veranstalter einer Feier, die nun einmal dazu gehört, wenn man erwachsen werden will.

Viele Menschen in Deutschland kommen aber ohne den „Passageritus“ Jugendweihe aus. Wer wirklich mündig wird und erwachsen, der muß nicht in der mythischen „Einmaligkeit des Moments“ „symbolisch“ „den Kinderschuhen entschlüpfen“[144] Man müßte doch auch fragen, wie die Menschen in Frankreich, Polen, Italien, Ungarn, Großbritannien dann ohne Jugendweihe jemals „aus den Kinderschuhen kommen“?

Auch wenn kluge Menschen immer wieder mit dem Begriff „Passageritus“ bei der Jugendweihe hantieren: Was ist das denn für eine „symbolische“ Passage gewesen, bei der man auf der einen Seite als Pionier startete und auf der anderen als FDJ'ler ankam? Hier wurden nicht Frösche zu Prinzen verwandelt, sondern man kam genau da an, wo man aufgebrochen war: im realexistierenden Sozialismus (aber mit Schwips und Schlips).

Auch die heutige Jugendweihe mit ihren jetzt u.a. angebotenen Veranstaltungen zur Vorbereitung wie Schwimmdisco und Kosmetikkursen verwandelt weder die Wirklichkeit noch die Teilnehmerinnen, sondern leistet Anpassung an die „Wirklichkeit“ und hilft damit real zum Erwachsenwerden in der Konsumgesellschaft - ebenso wie z.B. auch die Mini-Playback-Show des RTL.

Hat die Funktion der Jugendweihefeier in der DDR nicht auch gerade darin bestanden, daß sie den Teilnehmern sinnlich vor Augen führte, daß es keinen Wechsel, kein gesellschaftliches Jenseits gibt?[145]

Will sie überhaupt mehr leisten oder ist diese Anpassungsleistung das eigentliche Angebot? Die bloße Deutung und Handhabung der Jugendweihe als Passageritus liefert offensichtlich alle Beteiligten aus an die beliebige Auffüllung mit beliebigen Inhalten.

Jugendweihe und Kommerz

Tatsächlich ist die „neue Jugendweihe" inzwischen auch ein riesiges Geschäft. Auch an anderen Festen und Feiern verdienen andere mit als die Feiernden, die nur den Spaß (oder die Trauer) davon haben. Das ist ganz normal. Aber Geburtstag oder Hochzeit oder Beerdigung wurden nicht von den Blumengeschäften und Bestattern erfunden. Ohne sie würde weiter gefeiert und getrauert. Auch bei der Jugendweihe gibt es kommerzielle Helfer, die das Feiern nur unterstützen. Da sind diejenigen Geschäfte und Gewerbetreibenden, die den nötigen Festbedarf einschließlich der Geschenke zur Verfügung stellen: Reisebüros, Party-Service-Anbieter, Restaurants, Blumengeschäfte, Modefirmen usw..

Dem Bildband „Unser Deutschland" beigelegte Karte. mit der sich der Bertelsmannverlag schon 1992/93 dazu bekennt, die Arbeit der „Interessenvereinigung Jugendweihe e.V." zu unterstützen. Auch wird das Jugendweihebuch hier als ein „Buchgeschenk" bezeichnet, während anderswo nur von einer Lieferung zum Selbstkostenpreis die Rede war.

Aber an der neuen Jugendweihe sind Sponsoren in einem Maße beteiligt, daß man sich fragen muß, ob es die Jugendweihe in der gegenwärtigen Form geben würde, wenn die Sponsoren nicht wären. So veranstaltet die Berliner „Interessengemeinschaft" eine regelrechte, und im Verhältnis zu den sonstigen Veranstaltungen sogar recht gut besuchte, „Jugendweihe-Verkaufsmesse", wo Kosmetikfirmen, Banken, Reisebüros, Boutiquen, Versicherungen usw. warben. Ein besonderer Einfall ist eine Teeny-Card genannte Rabattkarte, mit der Einzelhändlern, die die Jugendweihe sponsern, jugendliche Rabattsucher in den Laden gespült werden sollen.

Der Verkauf oder die Weitergabe der Adresse an die Sponsoren ist der Dreh- und Angelpunkt eines lukrativen Geschäfts für die Veranstalter. Schon bei der Anmeldung zur Jugendweihe in Sachsen heißt es

> „Als unsere Dienstleistung werden Ihnen, Ihr Einverständnis vorausgesetzt, bei Wahrung des Bundesdatenschutzgesetzes vom 20.12.1990, besonders der §§ 3 und 28, Angebote übergeben"[146)]

oder

> „Ich bin mit der Weitergabe meiner Anschrift an Vereinsmitglieder und an Firmen, die mich bei der Ausgestaltung der Jugendweihefeier meines Kindes beraten und unterstützen, einverstanden."[147)]

Der Medienmulti Bertelsmann mit seiner Lexikothek ist ebenso dabei wie Bausparkassen und Versicherungsvertreter. Nicht aus Menschenliebe, sondern auf der Suche nach Adressen.

Jugendweihe ist aber auch ein neuer Dienstleistungsbereich mit - wenn die Statistiken stimmen - hohem Umsatz und hohem Profit. Wenn tatsächlich in einem durchschnittlichen Jahr 80.000 Jugendliche an der Jugendweihe teilnehmen, so beträgt auf Grund der Teilnehmergebühren allein der jährliche Umsatz 8.000.000,- (acht Millionen DM); hinzu kommen die Erlöse aus Eintrittsgebühren, die mindestens eine weitere Million betragen müßten, direkte und indirekte staatliche Zuschüsse usw. und die erheblichen Sponsorengelder, die vielleicht als Spenden für Jugendarbeit abgerechnet und steuerlich geltend gemacht werden können, zugleich aber auch Werbung darstellen können.

Neue Jugendweihe und Politik

Die neue Jugendweihe hat auch in der Politik in den ostdeutschen Ländern bereits erstaunliche Unterstützung gefunden. Insbesondere in Berlin, Brandenburg und Sachsen und Mecklenburg-Vorpommern gibt es anscheinend eine Unterstützung durch SPD-Politiker; unter-

stützende publizistische Begleitung der Jugendweihe durch die PDS und deren Zeitung Neues Deutschland ist sowieso sicher.
Dabei hat sich die Unterstützung in Berlin und Brandenburg auch in materieller Unterstützung durch die Landesregierung wenigstens für den SPD-nahen „Humanistischen Verband Deutschlands“ niedergeschlagen. In Sachsen kann von einer indirekten, vor allem politischen Förderung durch die SPD des Bundeslandes Hamburg und deren Bürgermeister Voscherau gesprochen werden. Zum Teil wird dabei das Argument der massenhaften Teilnahme benutzt. Berlin, Brandenburg und Sachsen-Anhalt haben die „Interessenvereinigung“ als Träger der Jugendarbeit offiziell anerkannt.
Auch Kommunalverwaltungen stehen nicht abseits. So konnten „alternative Jugendweihen“ der „Freien Humanisten Sachsen-Anhalt e.V. „durch großzügige Unterstützung des Kulturdezernates der Stadt Halle“[148] durchgeführt werden.

6. Jugendweihe-Organisationen

Neben zahlreichen kleineren Organisationen und Gruppen, die in der ganzen Ex-DDR Jugendweihefeiern anbieten (von der Arbeiterwohlfahrt bis zum Kulturbund) haben sich vor allem drei größere Organisationen für die „neue Jugendweihe“ herausgeschält, die hier ausführlicher dargestellt werden müssen.

Interessengemeinschaft für humanistische Jugendarbeit und Jugendweihe e.V., Rathausstr. 13, D-10367 Berlin

Der Verein ist eine direkte Nachfolgeorganisation des „Zentralen Ausschusses für Jugendweihe“. Zwar hat man eine Kehre vollzogen und distanziert sich (teilweise) genau von der Tradition, die man faktisch beerbt, aber nicht nur die Akteure sind weitgehend dieselben geblieben. Dokumentiert ist diese Wendung in der Zeitschrift „Jugendweihe“ des „Zentralen Ausschusses“ in den Ausgaben 6/89 und 1/90. Ernsthaft wurde damals in den Ausschüssen und

Gesprächen u.a. noch ein Vorschlag zur ideologischen Ausrichtung diskutiert:

> „Ein nicht geringer Teil schlägt vor, daß die Ziele der Jugendweihe künftig eindeutig im Sinne der Vermittlung der Weltanschauung des Marxismus-Leninismus bestimmt werden und sich die Jugendweihe stärker auf Arbeiterkinder konzentrieren soll. Es wird aufgefordert, den selbständigen Charakter aufzugeben und die Jugendweihe dem Verband der Freidenker der DDR anzugliedern." [149)]

Die Idee wird verworfen, man sieht ein Überleben der Sache für besser möglich an, wenn die Jugendweihe einen „gemeinnützigen Charakter" hat, und beabsichtigt daher, sie auf der Basis „humanistischen, demokratischen Inhalts durchzuführen" [150)]; man will aber doch auch weiterhin

> „gerade dem 14jährigen Berater sein, damit er seinen Gedanken gesellschaftliche Richtung und Ziel gibt". [151)]

1990 bildete sich unter diesen Maßgaben aus dem bisherigen Zentralausschuß für Jugendweihe und seinem nicht unerheblichen Vermögen die jetzige Interessenvereinigung Jugendweihe.

> „Ob und wieviel von dem Vermögen des Zentralausschusses aus der alten Zeit in die neue 'Interessenvereinigung' herübergerettet wurde, versucht die Treuhand derzeit noch immer zu ermitteln"

hieß es 1992[152)]. Inzwischen scheint dies Kapitel schon abgeschlossen und der Verein bemüht sich, z.B. durch die Berliner Landesregierung oder andere öffentliche Stellen gefördert zu werden.
Der Vereinsregisterauszug des Amtsgerichts Charlottenburg VR 10515 Nz vom 10. Dezember 1993 hält als erste Eintragung mit Datum vom 27.3.90/4.5.90 für erteilte Urkunde bzw. Eintragung fest:

> Name: Interessenverband für Jugendweihe, Sitz: Clara-Zetkin-Str. 16, Berlin 1080, Vorstand: Egon Freyer, Jochen Chowanski, Heidi Richter.

Zu den Rechtsverhältnissen enthält der Vereinsregisterauszug den interessanten Vermerk:

> „Vertretung im Rechtsverkehr erfolgt durch den Vorsitzenden des Zentralen Ausschusses für Jugendweihe. Staatliche Anerkennung des Zentralen Ausschusses für Jugendweihe in der DDR am 20.02.1990".

Als Vereinszweck wird zitiert:

> „Der Verband gestaltet Jugendweihefeiern, in denen für die Teilnehmer in öffentlicher und familiärer Atmosphäre der Eintritt in das Jugendalter festlich, jugendgemäß begangen wird."

Bereits am 21.6.1990 wird der Name geändert in „Interessenvereinigung Jugendweihe". Erst am *3. August 1992* erfolgt die dritte Änderung der Registereintragung mit Eintragung neuer Vertreter im Rechtsverkehr (und damit erst die rechtsgültige Ablösung der Vertretung im Rechtsverkehr durch den Vorsitzenden des Zentralen Ausschusses für Jugendweihe).

- Der Verein heißt jetzt

> „Interessenvereinigung für humanistische Jugendarbeit und Jugendweihe e.V.".

Zur Vertretung des Vereins nach außen heißt es jetzt, d.h. erst seit Sommer 1992:

> „Werner Riedel und Dr. Klaus-Peter Krause sind zu Vorstandsmitgliedern bestellt" und: „Der Präsident und der Vizepräsident bilden den Vorstand des Vereins im Sinne des BGB Paragraph 26. jeder von beiden ist allein vertretungsberechtigt."

18 Delegierte von fünf Mitgliedsvereinen legten 1992 auch eine neuen Formulierung des Vereinszwecks fest:

> „2.1. Der Verein hilft interessierten Jugendlichen durch ein vielfältiges Angebot an humanistischer Jugendarbeit, selbstbewußt den Weg ins Erwachsenendasein zu gehen. Dazu bietet er jungen Menschen, vornehmlich im Alter von 14 Jahren, erlebnis- und inhaltsreiche Gespräche aller Art, Begegnungen, Exkursionen, Reisen und Projekte an, die jungen Menschen neue Kenntnisse auf den verschiedensten Gebieten vermitteln. Diese Tätigkeiten dürfen aber nicht den Rahmen einer steuerbegünstigten Tätigkeit im Sinne der Abgabenordnung verlassen.
> 2.2. Der Verein gestaltet Feiern, in denen die Teilnehmer in öffentlicher und familiärer Atmosphäre den Eintritt in das Jugendalter festlich und jugendgemäß begehen. Er setzt damit die mehr als einhundertjährige Tradition der Jugendweihe in Deutschland fort.
> 2.3. Der Verein ist Träger freier Jugendhilfe und parteipolitisch sowie weltanschaulich ungebunden."[153)]

Selbstdarstellungen

> „Die 'Gruppierungen', die die humanistische Jugendweihe konstruieren, sind frei und völlig demokratisch gewählte, völlig überparteiliche Bürgerbewegungen aus den unterschiedlichsten sozialen Strukturen und keine 'Fortsetzer der vier Jahrzehnte gelenkten Jugendweihe-Kampagne der SED'"[154)]

wird heute trotz der oben geschilderten Entwicklung behauptet. In einer Presseinformation vom 13. Juni 1992 heißt es u.a. hierzu:

> „Doch die Jugendweihe hat die Wende überlebt, weil sie sich von innen und unten verändert hat und zur ureigensten Sache der Jugendlichen und Eltern wurde.
> Zu allen Zeiten und in allen Kulturkreisen der Erde gab und gibt es ähnliche Rituale, mit denen die Jugendlichen in den Kreis der Erwachsenen aufgenommen werden.

In Deutschland stützt sich die Jugendweihe auf eine 100jährige Tradition. An ihrer Wiege standen bürgerliche Aufklärer, kirchliche Oppositionelle, konfessionslose Proletarier und Freidenker. Da gab es im Laufe der Jahrzehnte Verdrängungen, Verbote und Verbiegungen, Versuche der Repression und Indoktrination. Und doch war das humanistische Anliegen und moralische Bedürfnis nach solchen Einweihungen und Weihen als Lebenskunde und Lebenshilfe von Generation zu Generation immer stärker.

Wieviel mehr gilt das heute, wo die Jugend so schwer ihren Weg findet!

So verwundert es nicht, daß es 1992 vielerorts deutlich mehr Teilnehmer an den Jugendweihefeiern gab als 1991. Verwunderung ruft nur die Treuhand hervor, die über ihre Direktion Sondervermögen versucht, der humanistischen Jugendhilfearbeit der Interessenvereinigung das Licht auszublasen. Die Begründungen dafür sind fadenscheinig.

1. Die Interessenvereinigung Jugendweihe sei identisch mit dem Zentralen Ausschuß für Jugendweihe der DDR. Das ist falsch. Wer das behauptet, unterschlägt unsere Neugründung mit neuer Satzung, neuer Leitung, neuem Programm, neuem Namen und neuer inhaltlicher und organisatorischer Arbeitsweise.

2. Bei der Interessenvereinigung befände sich das 'Altvermögen', auf das die Treuhand Anspruch habe. Das ist falsch. Am Stichtag 7.10.89 betrug das Bar- und Sachvermögen des damaligen Zentralen Ausschusses für Jugendweihe der DDR rund vier Millionen Mark. Am 6.4.1990 erhielt der Zentrale Ausschuß 19 Millionen Mark vom Ministerium für Finanzen der DDR, um die laufenden Kosten für die Jugendstunden und Feiern jenes Jahrgangs damit abzudecken, wie das alle Jahre üblich war. Am 29.5.1990 wurden von der Rechtsabteilung der Volkskammer auf Grund unseres Kontostandes 5 Millionen Mark zurück verlangt. Die Überweisung erfolgte umgehend. Mithin sind die übernommenen vier Millionen Mark 'Altvermögen' mehr als ausgeglichen. Deshalb ist es modernes Raubrittertum, wenn die Treuhandanstalt die für die Jugendweihe 1992 eingezahlten Elterngelder nicht als unantastbares Neuvermögen, sondern als Bürgschaft für eine nicht vorhandene Altschuld zurückbehält.

3. Ein Indiz für die Einbindung unserer neuen Interessenvereinigung in die alten Machtstrukturen sei die Benutzung der alten Büroräume in der Berliner Zetkinstraße. Das ist Unsinn. Wenn dies ein rechtliches Kriterium wäre, dann wäre die Treuhandanstalt mit der Staatlichen Plankommission der DDR identisch, weil sie in deren Räume zog.

4. Es gäbe Leute in der Interessenvereinigung Jugendweihe e.V., die schon früher in der DDR gelebt und gewirkt haben und sich für die Erfüllung der Beschlüsse der SED ausgesprochen hätten. Das ist richtig, aber unerheblich. Mit dieser Begründung könnte man jeden Anglerverein in Ostdeutschland zur Nachfolgeorganisation des SED-Apparates erklären. Im Präsidium der Interessenvereinigung, die als 'besonders förderungswürdiger gemeinnütziger Verein' eingestuft wurde, werden Geist und Tätigkeit durch neue Gedanken bestimmt. Die Wortführer der Interessenvereinigung haben sich in der Nachwendezeit verdient gemacht; angefangen beim Präsidenten, Herrn Werner Riedel, der als liberaler

Demokrat, als Stadtrat für Kultur und Bildung beim kommunalpolitischen Neuaufbau unserer Hauptstadt geholfen hat. Es gibt also keine hinreichenden Gründe für eine treuhänderische Verwaltung der Interessenvereinigung. Die humanistische Jugendarbeit der Interessenvereinigung entspricht den Wünschen der beteiligten Jugendlichen und Eltern sowie den Geboten des Grundgesetzes und den Anforderungen der Zeit. Tausende Unterschriften von Eltern und ihren Kindern, die die Jugendweihe wollen, belegen, daß es unrechtmäßig wäre alljährlich eine Million Menschen ihrer Freude und Genugtuung bei der festlichen Eröffnung eines neuen Lebensabschnittes ihrer Lieben zu berauben. Die Interessenvereinigung wird ihre Arbeit fortsetzen und bittet um die Unterstützung aller Medien.“[155]

Präsident einer „Bundesversammlung Jugendweihe e.V.“ war schon seit dem 23.3. 1991 der FDP-Politiker und Stadtbezirksschulrat Werner Riedel, während Egon Freyer, Jochen Chowanski und Heidi Richter noch juristisch die Sache im Griff hatten (s.o.). Auf die Frage der Deutschen Lehrerzeitung „Ein neuer Mann im neuen Amt?“ antwortete Riedel noch relativ offen:

> „Ja und nein. Bis 1990 war ich Hochschullehrer an der Berliner Hochschule für Musik. Habe seinerzeit an einer Berliner Sprachheilschule Jugendweihereden gehalten. Diese Schule war eine Insel, ich mußte meine Reden nicht einreichen oder vorzeigen. Die Jugendweihe ist also nicht gänzlich neu für mich.“[156]

Riedel betont:

> „Wir geben nichts mehr vor. ich wünschte mir, den Mädchen und Jungen erstens das Prinzip der Rechtsstaatlichkeit erklären zu können, sie zweitens zur Mitwirkung an Demokratie zu befähigen und sie drittens für Kultur und Kunst zu interessieren.“[157]

Auf die Frage „Ist die Jugendweihe eine Konkurrenz beispielsweise für die Konfirmation?“ sagte Riedel in diesem Interview:

> „Die Jugendweihe, die es seit 100 Jahren gibt, sieht sich in der Pflicht, Neues mit Traditionen - nicht aus DDR-Zeiten - zu verknüpfen. Sie ist keine Konkurrenz zu anderen Weihen. Wir haben nichts dagegen, wenn die fast Erwachsenen Jugendweihe und Konfirmation besuchen. Um Kommunikation geht es uns. Und das wollen auch die jungen Menschen.“[158]

Die Distanzierung von der DDR-Jugendweihe ist nicht nur für Außestehende schwer zu glauben. Auch heutige Weggefährten Riedels bemerken kritisch:

> „Vertreter der Interessenvereinigung Jugendweihe machen es sich leider zu einfach, wenn sie behaupten, etwa in jeder Hinsicht anderes zu sein und zu betreiben, als der Zentralausschuß für Jugendweihe in der DDR. Die bekannte Schwarz-Weiß-Malerei als Kniefall vor der neuen Macht? Eine in dieser Rigorosität auf die Wirkung bei potentiellen Geldgebern

bedachte Feststellung? Daher auch kein Bezug mehr zu den Freidenker-Traditionen, muß man die Warnung vor zu großer Nähe zu uns Freidenkern so verstehen?
Der Versuch, sich aus Traditionen davonzustehlen, fällt früher oder später als peinlicher Gesichtsverlust auf die Flüchtigen zurück." [159]

Besonderheit der Jugendweihe der Interessengemeinschaft

Man erhält für den Teilnehmerbeitrag von 100,- DM eine Urkunde, ein Buchgeschenk und sechs Gästekarten für die eigentliche Jugendweihe. Die Stunden und Veranstaltungen kosten bei der IVJ zusätzlich mindestens 1,- DM. Angeboten werden dafür 1994 Kurse mit Themen wie „Schönheit privat", Koch- und Bauchtanzkurse, Bewerbungstraining, Besuche im Reichstag und bei der Polizei sowie Arbeitsgemeinschaften zu Kung-Fu und Keramikarbeiten. „Alles ist absolut freiwillig, und es ist völlig egal, ob man nun jeden Monat irgend etwas wahrnimmt, oder nur ein einziges Mal zur Schwimm-Disko geht" [160]
Für die Attraktivität der JW führt Werner Riedel, Präsident der „Interessenvereinigung Jugendweihe" drei Hauptgründe an:

„Die Jugendweihe wird als großes Familientreffen anerkannt, für die 13- und 14jährigen symbolisiert sie den Schritt ins 'reife Alter - und sie bekommen Geschenke" [161]. Als Unterschied zu der zu DDR-Zeiten staatlich verordneten „Festveranstaltung" wird betont, es gebe keine vorbereitenden Propaganda-Veranstaltungen mehr. Im Gegenteil wird behauptet: „ Wir vermitteln humanistische Werte wie Toleranz und Freiheit." [162]

„ Wir laden jeden dazu ein, dieses schönen Erlebnisses teilhaftig zu werden"

Bei der „Interessengemeinschaft" kann jeder, unabhängig von seiner Konfession, und der Religion der Eltern an den Vorbereitungsveranstaltungen und der Jugendweihe teilnehmen, wie es der letzte Vorsitzende des Zentralausschusses für Jugendweihe in der DDR und erste Vorsitzende der „Interessengemeinschaft" von 1990 bis 1992 bereits im Oktober 1989 für die Zukunft programmatisch festgelegt hatte:

„Ich möchte das Kolloqium nutzen, um öffentlich zu erklären: Wir bleiben auch nach 35 Jahren bei den im Gründungsaufruf vom 8.11.1954 postulierten Grundsätzen. - Die Jugendweihe stand und steht allen 14jährigen, unabhängig von ihrer und ihrer Eltern Weltanschauung, Religion und sozialen Herkunft, offen. Die auf jeden Fall freiwillige Teilnahme an der Jugendweihe verlangt keine Absage an ein religiöses Bekenntnis. Die Jugendweihe ist keine religiöse Ersatzhandlung, sondern ein gesellschaftlicher Vorgang." Nach Überlegungen Freyers zu neuem Gelöbnis oder Versprechen, neuem Jugendstundenprogramm und neuem

Geschenkbuch resümierte er: „Mit diesen Fragen liegt ein langfristiges Programm vor. Manches muß schneller geregelt werden, manches bedarf sorgfältiger Überlegungen. Auf jeden Fall werden wir Antworten geben müssen, wie der spezifische Auftrag der Jugendweihe, den Übergang vom Kind zum Erwachsenen öffentlich und würdig vorzubereiten und zu vollziehen, entsprechend der aktuellen gesellschaftlichen Situation, mit hoher Qualität erfüllt werden kann.“[163)]

Diese von der DDR-Jugendweihe ererbte Festlegung auf religiöse Unverbindlichkeit bei der Teilnehmerauswahl wird auch bei befreundeten Organisationen gelegentlich kritisiert. Die Differenzen zwischen dem Deutschen Freidenkerverband und der Interessenvereinigung an diesem Punkt werden von Seiten des DFV und der Hamburger AG Jugendweihe deutlich benannt.

Es seien

„Differenzen mit dem Ansatz der Interessenvereinigung Jugendweihe in den neuen Bundesländern, die Jugendweihe für alle Jugendlichen zu öffenen, also auch für konfessionell gebundene Jugendliche und die Praxis, die Jugendweihe zu entpolitisieren. Dann wird jedoch nur eine leere Hülle gerettete und, was menschlich verständlich, aber politisch falsch ist, einigen wenigen Leuten in den neuen Bundesländern durch die Interessenvereinigung Jugendweihe (für wie lange?) ein schmaler Lebensunterhalt gesichert. Was nach dem Auslaufen der AB-Maßnahmen bleibt, steht in den Sternen.“[164)]

Deutscher Freidenker-Verband e.V.,

Sitz Dortmund, Ostenhellweg 56/59, D-44135 Dortmund
(Vereinigt mit dem Deutschen Freidenkerverband Pankow)
Am 13. Januar 1989 konstituierte sich ein Arbeitsausschuß für einen „Verband der Freidenker in der DDR (VdF)“, aus dem im Juni 1989 ein „Verband der Freidenker in der DDR“ (VdF) gegründet wurde. Der VdF versuchte, zum Anziehungspunkt für kritische DDR-Bürger zu werden, und wollte zugleich religiöse Ersatzhandlungen anbieten. In kurzer Zeit bekam der Verein einige Tausend Mitglieder, wurde als „SED deluxe“ angestaunt. In der Wendezeit kam jedoch auf Grund von Veröffentlichungen aus Archiven der Staatssicherheit heraus, daß der ganze Verband mehr oder weniger eine Stasi-Gründung darstellte. Der Verein nannte sich 1990 in Deutscher Freiden-ker-Verband um. Nach dem Zusammenbruch der DDR gab es in diesem Verband heftige Diskussionen. Ein Teil der Mitglieder zog aus (z.B. in Sachsen-Anhalt) und arbeitet jetzt mit anderen Organisatio-

nen zusammen. Andere blieben beisammen im sog. „Pankower Freidenkerverband“ der jetzt einen „Berliner Landesverband“ des „Deutschen Freidenker-Verbandes e.V. Sitz Dortmund“ bildet. Die dubiosen Gründungs- und Fusionsgeschichten gaben zu zahlreichen Fragen Anlaß.[165]

Der Deutsche Freidenkerverband, Sitz Dortmund gibt an, heute flächendeckend in allen alten und neuen Bundesländern zu arbeiten. Dabei gibt es aber Unterschiede: In Westdeutschland bietet der DFV zumeist die Jugendweihe selbst an; nur in Hamburg arbeitet man mit der AG Jugendweihe zusammen. In den neuen Bundesländern gibt es zumeist Zusammenarbeit mit der „Interessengemeinschaft“, so vor allem in Sachsen, Thüringen und Berlin. In Berlin dient z.B. die DFV-Geschäftsstelle in der Maximilianstr. seit 1992 auch als Kontaktbüro der „Interessengemeinschaft Jugendweihe“. Jedoch hat der Verband z.B. in Thüringen 1992 auch 700 eigene Jugendweihen vollzogen. Häufig wirken Mitglieder des Freidenkerverbandes als Redner bei Feiern der Interessengemeinschaft mit.

- Besonders zu erwähnen, da heute von hier zahlreiche Aktivitäten ausgehen, ist der Berliner Landesverband, hervorgegangen aus dem DDR-Freidenkerverband, zu erreichen über Geschäftsführer Siegfried Heynm, Kuckhoffstr. 59, D-13156 Berlin, und DFV-Geschäftsstelle, Maximilianstr. 48, D-13187 Berlin. Analog zum Deutschen Freidenker-Verband, Landesverband Berlin e.V. (heute: „Humanistischer Verband Deutschlands, Landesverband Berlin e.V.) will auch der Berliner Landesverband des Dortmunder Vereins Religionsunterricht („Lebenskunde“) an Berliner Schulen erteilen.
- Deutscher Freidenker-Verband - Landesverband Sachsen e.V., Güntzstr. 31, D-01069 Dresden

Humanistischer Verband Deutschlands (HVD)

(früher: „Westberliner Freidenkerverband“, offiziell „Deutscher Freidenker-Verband, Landesverband Berlin e.V.“), Hobrechtstr. 8, D-12043 Berlin. Der Humanistische Verband Deutschland ist heute ein Dachverband mit rechtlich eigenständigen Landesverbänden. Zu diesem Dachverband gehören heute:

- der Humanistische Verband, Landesverband Berlin e.V. der in Berlin schon 1993 mit immerhin 1,5 Millionen vom Staat unterstützt wurde, wovon etwa 200.000 DM für die Jugendweihearbeit ausgegeben werden können.[166] Der „Deutsche Freidenker-Verband, Landesverband Berlin e.V.“ hatte seit 1982 wieder seinen „Lebenskunde“-Unterricht, einen freidenkerischen Religionsunterricht angeboten, der auf einem Schulgesetz von 1947 beruht, in dem es heißt: „Der Religionsunterricht ist Sache der Kirchen, Religions- und Weltanschauungsgemeinschaften.“

- *Humanistischer Verband, Landesverband Brandenburg e.V.*

(früher: Interessenverband der Konfessionslosen in Brandenburg)
Der erst im März 1991 gegründete „Verband der Konfessionslosen in Brandenburg“, verfügte bereits Anfang 1993 im Bundesland Brandenburg über zehn Geschäftsstellen (Potsdam, Belzig, Brandenburg, Eberswalde, Frankfurt/Oder, Königs Wusterhausen, Neuruppin, Oranienburg, Zehdenick); bei seiner Arbeit wird er vom Land Brandenburg mit erheblichen Mitteln finanziell unterstützt. Zwar gibt es keine verbindliche Regelung, aber immerhin beläuft sich die Unterstützung auf 297.000 DM (1992) und über 270.000 DM 1993. In einer Mitteilung des brandenburgischen Wissenschaftsministeriums heißt es, daß der „Interessenverband der Konfessionslosen bewußt an die humanistischen Ideen und Ideale aus der Zeit vor dem Nationalsozialismus und der DDR anknüpft“ [167].

- *Humanistischer Verband, Landesverband Sachsen-Anhalt e.V.*

früher: Freie Humanisten Sachsen-Anhalts; In einem Werbeblatt heißt es

- einerseits, man verstehe sich 'als Lobby' für Konfessionslose; der Landesverband zählt heute immerhin schon über 120 Mitglieder, und will nun als Interessenvertretung aller Konfessionslosen in Sachsen Anhalt (ca. 40 % der Bevölkerung) wirken. Man stellt daher den Anspruch auf „gleichrangige Mitwirkung in allen Gremien, in denen auch die Kirchen vertreten sind“ (z.B. Rundfunkrat usw.);
- andererseits definiert man sich „als humanistische 'Weltanschauungsgemeinschaft'“ und sei daher „nach Artikel 140 Grundgesetz und Artikel 32 der Landesverfassung Sachsen-Anhalts den Kirchen juristisch gleichgestellt“; in Ausübung dieser Eigenschaft will man „weltlich-humanistische Feste und Feiern im Jahres- u. Lebenslauf (NamensFEIER, JugendFEIER[168], Hochzeiten, Jubiläen, Trauerfeiern, Gemeinschaftsfeste a.a.m.)“ gestalten.

– Humanistischer Verband Sachsen und weitere Aktivitäten

Der Aufbau einer eigenen Organisation des Humanistischen Verbandes Deutschlands in Sachsen ist geplant. Bisher existiert wohl nur ein Postfach in Chemnitz, eine Initiativgruppe und die Überlegung, wie man sowohl im Freidenker-Verband als auch in der Interessengemeinschaft Personen werben kann.

Mit gleichgesinnten Gruppen in Hamburg und dem „Humanistischer Verband, Landesgemeinschaft Baden-Württemberg“ sowie dem Bund für Geistesfreiheit Bayern in Nürnberg soll die Zusammenarbeit verbessert werden. Weiter gehören zu dem Dachverband einzelne in Westdeutschland verstreute Ortsgruppen. (Weitere Mitgliedsverbände siehe unten.)

Gegenwärtig hat der HVD für die Jugendweihe keine Sponsoren; eine solche Verbindung würde aber nicht grundsätzlich abgelehnt werden. Zur Zeit werden die Kosten durch die Teilnehmerbeiträge gedeckt. Man habe viele Ehrenamtliche; nur im Landesverband Berlin gebe es drei hauptamtliche Mitarbeiter.

STICHWORT: Jugendfeier

In letzter Zeit neu ins Gespräch gebrachter Begriff, der eine Distanzierung von einem religiösen Verständnis der Jugendweihe zum Ausdruck bringen soll.

Besonders die Jugendweihe, wie sie der Westberliner Humanistische Verband und - z.B. in Brandenburg der „Verband der Konfessionslosen in Brandenburg“ anbieten, wird ostentativ „Jugendfeier“ genannt. Die Umbenennung wird vor allem als Distanzierung folgendermaßen begründet:

„Die Jugendfeier kennt im Gegensatz zur Jugendweihe kein Gelöbnis auf Staat und System, sie ist vielmehr ein Bekenntnis zur Freiheit des Denkens und zur humanistischen Idee. Uns kommt es vor allem auf mündige Menschen an.“[169]

Eine bloß sprachliche Absetzung von der DDR-Jugendweihe ist aber unzutreffend und unzureichend. Schon dort (s.o.) wurde zwar der Gesamtvorgang „Jugendweihe“ genannt, der feierliche Abschluß aber“Jugendfeier“. In der Geschichte waren Jugendweihe, Jugendfeier, Abschlußfeier, „Jugendaufnahme“ und sogar „Konfirmation“ austauschbare Begriffe. Auch in Hamburg ist dies so: Der Verein „Jugendweihe Hamburg e.V.“ führt unter dem Motto „102 Jahre Jugendweihe in Hamburg 1890-1992“ die „Jugendfeier 1992“ durch[171]. Und in der Hamburger AG Jugendweihe wird von der „Jugendweihe mit ihrer Jugendfeier“ gesprochen.[170] Differenzieren und Distanzieren wird nicht schon durch andere Etiketten glaubhaft.

Jugendfeier (Jugendweihe) des HVD

Wert legt der Freidenkerverband/Humanistischer Verband darauf, nicht mit der Interessenvereinigung Jugendweihe verwechselt zu werden. Hier liegt vermutlich eines der Hauptmotive für die Umbenennung der „Jugendweihe“ in „Jugendfeier“, was vielfach sogar als „JugendFEIER, die alternative Jugend'weihe'“ geschrieben wird. Definiert wird diese Form der Jugendweihe auch bei den Mitgliedsorganisationen des Humanistischen Verbandes als „der festliche Übergang von der Kindheit ins Erwachsenenalter, gewissermaßen eine konfessionslose Alternative zur Konfirmation. Außerdem ist es eine schöne Feier für die Familie und Freunde“ [172)]

Indem betont wird, daß der HVD ausschließlich „konfessionslosen“ bzw. „kirchlich nicht gebundenenen Jugendlichen“ ein Angebot als „Alternative zur kirchlichen Kommunion und zur Jugendweihe“[173)] bietet, (gemeint ist vermutlich „Konfirmation und Jugendweihe“) gestaltet der HVD seine Jugendfeiern mit dem Anspruch, Feier einer weiteren, dritten „Weltanschauungsgemeinschaft“ zu sein neben Kirche und Freidenker-Verband. Aber auch von der als unverbindlich oder inhaltslos verstandenen „Jugendweihe der „Interessengemeinschaft Jugendweihe“ wird die „alternative Jugend'weihe'“ von den Vertretern des HVD betont abgegrenzt.

> „Sie will kein unverbindliches Allerweltsangebot sein, sondern versuchen, in einer Zeit weithin fehlender Sinn- und Wertbildungsangebote Orientierungshilfe zu geben, eine Orientierungshilfe, die auf unserer modernen weltlich-humanistischen Lebensauffassung beruht und sich als Angebot, nicht als letzte Wahrheit versteht. Schließlich will die Jugendfeier ein Stückweit Gegenpol zu einer mehr und mehr kommerzialisierten Jugend- und Freizeitkultur sein, zum Nachdenken anregen, die Gefühle ansprechen.“[174)]

Diese Form der Jugendweihe sei eben nur Teil eines umfassenden Konzepts:

> „Die humanistischen Verbände bieten kirchlich nicht gebundenen Menschen, die eine kulturelle und weltanschauliche Betreuung wünschen, lebensbegleitende Feste von der Wiege bis zur Bahre an“, erläuterte Uwe Völke, der Landesgeschäftsführer in Sachsen-Anhalt[175)].

Dazu würden ebenfalls Namensfeiern, Jugendfeiern, Trauungen und weltliche Bestattungsfeiern gehören - mit einem Satz: das klassische Angebot zur Lebensbegleitung der freireligiösen oder auch christlichen Religionsgemeinschaften.

Veranstaltungen zu kulturellen und politischen Themen, Projektarbeitsgruppen zu Politik und Wissenschaft, gesellschaftlichen und kulturellen Fragen, sollen Jugendliche beteiligen. Weitere Angebote sind: „Öko-Kurs", eine Theatergruppe, und der fast obligatorische Astronomie-Kurs. Die Teilnahme an den Jugendstunden und Projekten in der halbjährigen Vorbereitungszeit, in der man den Jugendlichen „Werte wie Solidarität, Menschenrechte, Antifaschismus" vermitteln möchte, wird erwartet. Man grenzt sich öffentlich zwar von „Weiheritualen ohne Inhalt" ab. Von Vertretern des Verbandes wird aber immerhin zugegeben, daß es Ausnahmefälle gibt, wo Jugendliche das Stundenangebot nicht nutzten. In Werbeprospekten, z.B. des Landesverbandes Sachsen Anhalt, wird zur Hervorhebung der jedenfalls beabsichtigten Unterschiede neben der Bezeichnung „JugendFEIER - die alternative Jugend'weihe'"[176] darauf verwiesen, daß man auch bewußt auf das Gelöbnis verzichte und weder „Ein- oder Ausmarsch, keine Stellprobe, keinen kollektiven Gratulationsakt" kenne[177].

> Dennoch hat natürlich auch diese neue Form der Jugendweihe, die „Nachdenklichkeit und Besinnung vermitteln" soll, ihr festes Programm. Gewissermaßen den transzendenten Bezug zum Unvergänglichen vermittelt die „Eintragung in ein 'Goldenes Buch der JugendFEIER' durch jeden Jugendlichen", wodurch die Jugendfeier „für die Nachwelt dokumentiert"[178] werden soll.

Der in ein Kulturprogramm eingebettete Ablauf der „alternativen Jugend'weihe'" sieht in Sachsen-Anhalt heute etwa so aus:

(- Einzug)
- Begrüßung
- Feierrede
- Namentlicher Aufruf
- Persönliche Überreichung der Urkunde und des Festgeschenks (1993: „Etui mit Füller und Kugelschreiber")
- Persönliche Gratulation
- Eintragung in das „Goldene Buch"
- Ende der Feierlichkeit
- Allgemeine Gratulation im Saal

Fragen zum Selbstverständnis des Humanistischen Verbandes

Vor der „humanistischen" Phase im Westberliner Freidenkerverband wollte man zwar nicht bloß als „zentraler Veranstalter von Familienfeiern für Nicht-Kirchenmitglieder" auftreten, sondern „traditionell wichtige Werte der Arbeiterbewegung - Solidarität, Menschenwürde,

Demokratie, Freiheit, Bildung, Fortschritt - mit den aktuellen Problemen der Gegenwart" verknüpfen, ja man wollte sich sogar als *„Sachwalter" und „Protagonist" „sittlicher Werte"* „profilieren, die nicht christlich oder religiös sind".[179)]

STICHWORT: Humanismus, Humanist, humanistisch

Neuerdings hat sich der Freidenkerverband in Westberlin in *„Humanistischer* Verband" umbenannt, die „Interessengemeinschaft Jugendweihe" zog nach und nennt sich jetzt „Interessengemeinschaft für *humanistische* Jugendarbeit und Jugendweihe". Grund genug, einmal ins Lexikon zu schauen, um zu sehen, was es mit diesem Wort aufsich hat.

„Das seit dem 18. Jh bezeugte Substantiv **Humanist** 'Anhänger des Humanismus, Verfechter humanistischer Ideale; Kenner der griechischen und römischen Sprache und Kultur' ist ... aus *it.* umanista (zu *it.* umano 'menschlich' < *lat.*humanus) entlehnt. Dazu gebildet sind die seit dem 18./19. Jh. gebräuchlichen **Humanismus** und **humanistisch**. Sie sind vor allem historische Begriffe und beziehen sich auf jene Bewegung, die die Wiederbelebung des klassischen Altertums und seiner Bildungsideale anstrebte"[181)]

beschreibt der Duden 1989 die Herkunft und Bedeutung des Wortes. Humanisten wären demnach Menschen, die sich z.B. für die Errichtung altsprachlicher („Humanistischer") Gymnasien einsetzen.

Ganz anders definierte man in der untergegangenen DDR das Wort „Humanismus" als

„Menschlichkeit, Achtung der menschlichen Würde und Sorge um den Menschen. Der sozialistische H. weist wissenschaftlich den Weg zur Verwirklichung des H. durch Sturz der Ausbeuterklassen; die sozialistischen Produktionsverhältnisse sind die Grundlage zu seiner Verwirklichung. Der sozialistische H. bewahrt und entwikelt die positiven Humanitätsideen der Vergangenheit, der Imperialismus negiert jegliches humanistisches Erbe."[182)]

Fremdwörter sind Glückssache. Was man in der DDR ebenso wie bei den früheren Freidenkern ursprünglich wohl meinte, ist *„Humanität"* in der Bedeutung „'edle Menschlichkeit, hohe Gesittung', auch 'feine, höhere Bildung', das aus gleichbed. *lat.* humanitas entlehnt ist."[71)]

Das so nötig gebrauchte Adjektiv dazu ist nicht *„humanistisch"*, sondern schlicht **„human** 'menschlich, menschenfreundlich; gesittet, gebildet': Das Adjektiv wurde im 17. Jh. aus gleichbed. *lat.* humanus entlehnt, das mit seiner ursprünglichen Bed. 'irdisch' zur Sippe von *lat.* humus 'Erde, Erdboden' gehört (vgl. *Humus*)."[183)]

Im übrigen ist dann auch das Wort „weltlicher Humanismus" eigentlich gedoppelt: weltlich meint ja: irdisch. Ähnliches besagt die englische Bedeutung von „humanism" im Zusammenhang mit Glaube und Unglaube[185)]. Dies hat dann aber gerade nichts mit nobler Menschlichkeit zu tun.

Inzwischen, der Berliner Freidenkerverband hat in Humanistischer Verband Deutschlands umfirmiert und sich der „Internationalen Humanistischen und Ethischen Union“ (IHEU) angeschlossen, ist nicht mehr so sehr von Werten und außerdem von ganz anderen Zielen die Rede. Der Vorsitzende der IHEU, Rob Tielman, formuliert die Ziele der Bewegung so: „Die antikirchliche Grundhaltung und der Versuch, Kirche ohne Gott zu sein, ist heutzutage aus der humanistischen Bewegung verschwunden. Sie versteht sich als moderne soziale Bewegung zur Gestaltung und Verteidigung des Rechtes der menschlichen Selbstbestimmung. Das Recht auf Abtreibung, Sterbehilfe, Prostitution, gleichgeschlechtliche Sexualität, Legalisierung von Drogen und nichtehelichen Beziehungen: die humanistische Bewegung verteidigt das Recht von Individuen, ihr Leben frei zu gestalten, solange anderen dadurch nicht geschadet wird.“[180)]
Eher irdisch, individualistisch sind dann wohl auch die „Werte“, die ein solcher „Humanismus“ anzielt und vertreten will. Es gibt anscheinend die zunehmende Tendenz im Humanistischen Verband, sich weniger als Weltanschauungsgemeinschaft, sondern mehr als Dienstleistungsvereinigung zu verstehen. Diesen in der Tat „neuen Humanismus-Begriff der modernen humanistischen Bewegung“ will man nun „auch in der deutschen Gesellschaft einführen“. Soll der Duden umgeschrieben werden? Der Begriff und sein neuer Inhalt hätten freilich mit traditionellen Werten wie Solidarität nichts zu tun - vielleicht hat er überhaupt nichts mehr mit Werten zu tun. Jedenfalls fragt sich, wie auf dieser Basis ein weltanschaulicher Ethik- und Lebenskundeunterricht oder auch nur eine Jugendstunde zum Thema Drogen gestaltet werden kann?

Weitere Jugendweihe-Organisationen und verwandte Gruppen

Arbeiterwohlfahrt/AWO
führt die Jugendweihe in Frankfurt/Oder durch [186)]

Arbeitsgemeinschaft Jugendweihe Groß-Hamburg
c/o Helmuth Sturmhoebel, Klapperhof 1, 2050 Hamburg 80, Tel 040/7245545
(arbeitet zusammen mit DFV-Dortmund)

Brandenburgischer Freidenker-Verband e.V.
ist Landesverband des DFV-Dortmund

Bund für Geistesfreiheit
(Erlangen, München und Nürnberg)

Bund freireligiöser Gemeinden Deutschlands
(Zusammenschluß freireligiöser Gemeinden)

Freie Humanisten Niedersachsen
(früher: Freireligiöse Landesgemeinschaft Niedersachsen), Otto-Brenner-Str. 22, Hannover, Körperschaft öffentlichen Rechts, arbeitet zusammen mit HVD

Freie Humanisten Sachsen-Anhalt
siehe jetzt: Humanistischer Verband, Landesverband Sachsen-Anhalt

Freigeistige Landesgemeinde Nordrhein-Westfalen (Humanistischer Verband)
Der alte Name wird aus juristischen Gründen beibehalten; die Landesgemeinde ist Körperschaft des öffentlichen Rechts. Landesverband des HVD

Freireligiöse Landesgemeinschaft Niedersachsen
siehe Freie Humanisten Niedersachsen

Freireligiöse Gemeinden
sollen heute noch in Süddeutschland (Karlsruhe, Mannheim) existieren

Frei-religiöse Gemeinde Offenbach
nennt ihre Jugendweihe heute noch frei-religiöse Konfirmation

Internationale Humanistische und Ethische Union IHEU (Dachverband)
ist ein Zusammenschluß humanistischer, aber auch freireligiöser Gruppen. Aus Deutschland gehören dieser Organisation der HVD und der Bund freireligiöser Gemeinden Deutschlands; die IHEU ist zwar eine als Organisation im Beobachterstatus bei der UNO registrierte Organisation; Berichte, dieser Verein habe „Sitz und Stimme in der UNO, der Unesco und dem Europarat“[187]) treffen nicht zu, auch wenn die „Freien Humanisten Sachsen-Anhalt e.V.“, Mitglied des Humanistischen Verbandes Deutschland (HVD) dies in ihrem Informationsblatt ebenfalls schreiben.

Interessenverband für Jugendweihe
siehe Interessengemeinschaft für Jugendweihe

Interessenverband der Konfessionslosen in Brandenburg,
Potsdam, Berliner Str. 49 siehe „Humanistischer Verband Deutschlands, Landesverband Brandenburg e.V.“

Interessenvereinigung Jugendweihe e.V.
führt seit dem 13.6.1992 den Namen Interessenvereinigung für humanistische Jugendarbeit und Jugendweihe e.V.

Jugendweihe Hamburg e.V.
führt Jugendweihe in Verbindung mit der Stiftung „Geistesfreiheit“ durch; Anschrift: Beim Schlump 23 2000 Hamburg 13; Zeitschrift: Freier Blick

Kulturbund
In Frankfurt an der Oder ist der Kulturbund, Halbe Stadt 16, Telefon Frankfurt 23366 seit 1993 neben der „Interessenvereinigung und der Arbeiterwohlfahrt der dritte Anbieter von Jugendweiheveranstaltungen und einer Jugendweihe.[188)]

Landesverband Sachsen e.V. der Interessenvereinigung für humanistische Jugendarbeit und Jugendweihe e.V.
siehe Sächsischer Verband für Jugendarbeit und Jugendweihe e.V.

Märkisches Jugendwerk e.V.
gehört zum Brandenburgischen Freidenker-Verband e.V.

Sächsischer Verband für Jugendarbeit und Jugendweihe e.V.
Der „Sächsische Verband für Jugendarbeit und Jugendweihe e.V.", wie er seit dem 5. September 1992 heißt (vorher: Landesverband Sachsen e.V. der Interessengemeinschaft Jugendweihe e.V.) wurde „gegründet" am 1.9.1990 als Nachfolger der früheren Jugendweihestruktur.In der Satzung heißt es heute u.a.:

> „Als freier Träger der Jugendhilfe will der Verband jungen Bürgern im Alter von 12 bis 16 Jahren mit frei wählbaren Veranstaltungen helfen:
> - humanistische Lebenskonzeptionen kennenzulernen und danach zu leben; - verantwortlich in der Gesellschaft zu handeln und sich für die erhaltung der Umwelt einzusetzen;
> - Toleranz zu üben, sich Widersprüchen zu stellen und zu lernen, mit Konflikten umzugehen;
> - gegen Faschismus, Rassismus und Ausländerfeindlichkeit aufzutreten;
> - Der Verband gestaltet Feiern, in denen junge Menschen ohne Zwänge, in familiärer Atmosphäre den Schritt in die Welt der Erwachsenen festlich und jugendgemäß nach ihren eigenen Vorstellungen begehen können.[189)]

Trotz der Festlegung auf „*humanistische* Lebenskonzeptionen", einer Bezeichnung, die sowohl vom Deutschen Freidenker-Verband e.V., Sitz Dortmund wie auch vom „Humanistischen Verband Deutschlands" zur Kennzeichnung ihrer jeweiligen weltanschaulichen Ausrichtung benutzt wird, bezeichnet sich der „Sächsische Verband" als offen für „alle Jugendlichen, auch religiös gebundene".
Der Verein hat heute Geschäftsstellen in Dresden (Schlüterstr. 29, 01277 Dresden und Bärensteiner Str. 16-18 01277 Dresden) sowie 14 Büros in Chemnitz, Hohenstein-Ernsttal, Plauen, Zwickau, Bautzen, Freital, Meißen, Leipzig und Oschatz und ist somit in allen Landkreisen präsent. Er hat (Herbst 1993) bei 230 eingetragenen Mitgliedern 26 Angestellte. Als Finanzierungsquellen werden Teilnehmergebühren sowie Spenden, Mitgliedsbeiträge und Sponsoring genannt.

1991 sollen sich 27.000, 1992 28.0000 „Mädchen und Jungen Sachsens“ zur Jugendweihe „angemeldet“[190] haben. Übrigens werden laut Satzung die Teilnehmer an den Jugendweihevorbereitungsveranstaltungen mit der Anmeldung Mitglieder in einer Jugendgruppe; nach außen hin wird dann etwa argumentiert: „27.120 zeitweilige Mitglieder (Stand 30.06.1993) als angemeldete Teilnehmer an der Jugendweihe 1993“[191]
Jedenfalls bis 1993 war der „Sächsische Verband“ nach eigenen Angaben noch der „einzige Anbieter der Jugendweihe“ in Sachsen. Es gab jedoch Zusammenarbeit mit der Stiftung „Geistesfreiheit“ und „Jugendweihe Hamburg e.V.“; einzelne Mitglieder haben auch Kontakte zum „Dortmunder Freidenkerverband“ und den Vertrtern der eher orthodox-freidenkerischen AG Jugendweihe Hamburg. Mitglieder bzw. Vertreter des Deutschen Freidenker-Verbandes, Sitz Dortmund haben auch da und dort die Feierreden gehalten. Es scheint aber auch hier Vorhaben des HVD zu geben, einen eigenen Landesverband zu begründen.

Stiftung „Geistesfreiheit“
führt Jugendweihe in Verbindung mit „Jugendweihe Hamburg e.V.“ durch; Anschrift: Westerrode 10, 2000 Hamburg 13; Zeitschrift: Freier Blick; Archiv und Bibliothek: Beim Schlump 23 2000 Hamburg 13

Weltunion der Freidenker (WUF) (Dachverband)
heißt ein eher marxistisch-materialistischer internationaler Freidenker-Dachverband. Ihm gehört der Deutsche Freidenkerverband, Sitz Dortmund, an.

Zentraler Jugendweiheausschuß
siehe Interessengemeinschaft für humanistische Jugendarbeit und Jugendweihe

Konkurrenz im belebten Geschäft

Inzwischen gibt es eine heftige Konkurrenz nicht mehr zwischen Kirchen und Freidenkerbewegung, sondern in dieser selbst. Da es um das Abstecken von Einflußgebieten geht, sind die Argumente nicht immer sanft, oft aber überdeutlich. So polemisiert der Dortmunder Freidenkerverband gegen seinen Westberliner Namensvetter, der sich zwischenzeitlich in „Humanistischer Verband“ umgenannt hat:

> „Insbesondere Bestrebungen der Westberliner Organisation, die sich vom Freidenkertum verabschieden möchte zugunsten eines staatlich finanzierten Dienstleistungsbetriebs inclusive ‘humanistischer’ Militärseelsorge, ist politisch offensiv entgegenzutreten.“[192]

Dem HVD wird von den proletarischen Freidenkern sogar vorgeworfen:

„...Ist gar die Missionierung Ost-Berliner Jugendlicher im Sinne einer Abschwörbeihilfe und im Auftrag von Geldgebern die Absicht? Ein immer passender Dichter hierzu: 'Es ist nicht so fein gesponnen, es kommt doch an's Licht der Sonnen'. Jetzt schon ist sonnenklar, daß in diesem Fall zwischen Anspruch und Wirklichkeit Welten liegen. Halbwelten.“[193)]

Koalitionen und Kooperationen

Festredner bei den Veranstaltungen der „Interessengemeinschaft“ sind u.a. „durchweg Mitglieder der Interessenvereinigung Jugendweihe e.V. und des Deutschen Freidenker-Verbandes“[194)], in Berlin dient z.B. die DFV-Geschäftsstelle in der Maximilianstr. seit 1992 auch als Kontaktbüro der „Interessengemeinschaft Jugendweihe“, und es gibt auch noch besondere organisatorische Kontakte zum Deutschen Freidenker Verband:

„In Thüringen arbeiten die Interessenvereinigung und der DFV weitgehend zusammen, das heißt im Normalfall, daß Freidenker bei der Jugendweihe der Interessengemeinschaft mitwirken. So hat die Interessengemeinschaft 1992 für 11.634 Teilnehmer die Jugendweihe ausgerichtet, weitere 700 haben ihre Jugendweihe durch Jugendstunden und Abschlußfeiern unseres Verbandes erhalten.“[195)]

Auch der Präsident der Interessenvereinigung, Riedel, bekennt sich im „Freidenker“, dem „Organ des deutschen Freidenker-Verbandes e.V., Sitz Dortmund“ ausdrücklich zur Zusammenarbeit mit dem DFV:

„Wir schätzen die Arbeit des Deutschen Freidenker-Verbandes, Sitz Dortmund, und wissen, daß die Freidenker an der Wiege der Jugendweihe standen und seitdem entschieden für diese Form der Lebensvorbereitung und Reifefeier junger Menschen eintreten. In Thüringen und Sachsen hat sich bereits eine enge Zusammenarbeit entwickelt. Hans-Jörg Rödiger ist beispielsweise in unserem Präsidium und im Landesvorstand des Freidenkerverbandes Thüringen sehr aktiv für die Jugendweihe tätig.
Zahlreiche Mitglieder des Freidenkerverbandes haben in diesem Frühjahr Festreden zur Jugendweihe gehalten. Ihre Worte an die jungen Menschen standen für das Bestreben, das Leben so einzurichten, daß es durch humanistische Ideale und Toleranz bestimmt wird. Den Erhalt der Jugendweihe als Familienfeier, mit dem durch die Interessenvereinigung für humanistische Jugendarbeit und Jugendweihe e.V. geschaffenenen neuen Profil, wünschen sehr viele Familien in den neuen Bundesländern. Bereits die uns bekannten Anmeldungswünsche für 1993 sprechen für

dieses Bedürfnis. Voraussetzung für erfolgreiches Wirken ist die Gewinnung weiterer Mitglieder, Partner und Förderer sowie der Aufbau eines breiten Netzes von Mitgliedergruppen, die in ehrenamtlicher Arbeit für die Ziele unserer Interessenvereinigung eintreten.
In diesem Sinne sind wir sehr an der Entwicklung einer guten Zusammenarbeit mit dem Deutschen Freidenker-Verband interessiert." [196)]

Von hier aus fällt ein eigenartiges Licht auf die angebliche religiösweltanschauliche Ungebundenheit der „Interessenvereinigung".

7. Nicht alles war falsch...

Kritik der DDR-Jugendweihe?

Man kann nicht sagen, daß es nicht auch in der Sicht heutiger Anbieter Kritikwürdiges an der DDR-Jugendweihe gibt. Da wird in der DFV-Zeitschrift kritisiert, sie sei zu offen und weltanschaulich zu unverbindlich gewesen - was ja auch der Interessengemeinschaft vorgeworfen wird.

„In der DDR ist die Jugendweihe zu einer Familientradition geworden. Es soll aber nicht verschwiegen werden, daß die 1954 in der DDR eingeführte Jugendweihe nicht viel gemeinsam hatte mit der historischen Jugendweihe, auch wenn man sich auf deren proletarische Wurzel berief. Denn sie war offen für alle Jugendlichen, auch solche, die konfirmiert wurden.[197)]

Der Präsident der „Interessenvereinigung", Riedel, formuliert seine Kritik dagegen so:

„Die schon über 100jährige Tradition der Jugendweihe in Deutschland lebt, weil sie eine gute Sache ist.
Die falsche Handhabung in der DDR stellt doch die Sache selbst nicht in Frage"[198)]

Bei dem zur „Interessengemeinschaft" gehörenden Sächsischen Verbandes für Jugendarbeit und Jugendweihe e.V. bekennt man sich zur unmittelbaren Neugestaltung und Weiterführung der in der DDR geprägten Jugendweihe-Tradition, nachdem man Hemmendes abgestreift habe:

„Im Land Sachsen hat sich die Jugendweihe innerhalb kurzer Zeit glaubhaft, überzeugend und öffentlich überprüfbar neu gestaltet. Vieles Hemmende wurde abgestreift und die Jugendweihe als humanistische Tradition, als Kulturleistung unseres Volkes, weitergeführt“ [199]

In einem Grundsatzartikel hat sich das Organ des Freidenker-Verbandes mit der Frage von Kontinuität und Bruch in der deutschen Jugendweihetradition auseinandergesetzt und sich bewußt in die Kontinuität gestellt. Man muß davon ausgehen, daß die Redner und Organisatoren, die von Seiten des Deutschen Freidenkerverbandes die „Interessengemeinschaft“ unterstützen, dies genauso sehen. Zur Indienstnahme der Jugendweihe durch die SED heißt es

„Kein Wunder, und auch keine ‘rote Vergewaltigung’ der Jugendweihe. *Wir*, fast alle, haben die DDR immer auch als ein Produkt der Kämpfe der Arbeiterbewegung verstanden.“ Sie sei ungewollt „ein ‘Opfer’ der Negation der Negation, die sich in vielem in der DDR vollzog“ geworden. Heute sei sie aber auch „ein lebendig gebliebenes ‘klitzekleines Stück DDR-Bewußtsein’.“ [200]

„Nicht alles in den knapp 40 Jahren DDR-Jugendweihe war falsch. Zum Positiven gehörte unzweifelhaft, daß sowohl in den Jugendweihestunden als auch in den Festveranstaltungen Persönlichkeiten zu Wort kamen, die aus vielseitigen, reichen Erfahrungen ihres Lebens über Entstehung und Auswirkungen des Faschismus, über Krieg und Frieden, über Ausbeutung und Unterdrückung und darüber, wie man ohne Gott sein Leben bewußt gestalten sollte, berichteten. Über Werte und Inhalte, die heute von den Machthabenden und ihren karrierebewußten Mitläufern oft geschmäht werden. Weil nicht sein darf, was nicht sein soll. Gute Jugendweiheveranstaltungen, deren es viele gab, haben im Sinne der Tradition der Arbeiterbwegung (sic) den Blick auf unsere Welt, den Blick ins Leben geweitet und damit den oft wenig erfreulichen Schulalltag der Vierzehnjährigen durchbrechen geholfen. Vielfach gab es ein offenes Diskussionsklima, das Ansprechen der Fragen, die Jugendliche tatsächlich persönlich bewegen.

Leider wurde das Positive durch Heuchelei, wie das auf Staatsgehorsam abzielende ‘Gelöbnis’ und andere lebensfremde Rituale beeinträchtigt, bei manchem auch in das Gegenteil verkehrt und zerstört. Trotzdem bleibt festzuhalten: Die Angebote für eine sinnvolle Lebens- und Freizeitgestaltung waren im Ansatz richtig und notwendig, und darin liegt auch der Grund, daß sie der Großteil der Eltern ohne Druck und Zwang förderte.“ [201]

Kritik der Kritik an der Jugendweihe

Der Präsident der Interessenvereinigung, Werner Riedel mahnte in einem Zeitungsartikel Toleranz bei dem röm.-kath. Bischof Kardinal Sterzinski an, der so „intolerant“ gewesen war, vorzuschlagen, Jugendliche und Eltern sollten „neue Formen des gemeinsamen Feierns finden, die nicht zu den Altlasten des SED-Regimes zählen, und deshalb mit der Jugendweihe brechen“. Riedel hielt dagegen:

> „Toleranz - ein viel benutztes Wort seitens der Kirche und besonders ihrer Repräsentanten - sollte gegenüber der Jugendweihe kein Fremdwort sein. Ist es nicht so, daß in unserem Staat und in dieser freiheitlichen Gesellschaft jeder selbst entscheiden kann, welchen Weg ins Leben er gehen will?“[202)]

Die Mahnung zur Toleranz gegenüber der Jugendweihe ist in der Tat nicht unbekannt. Schon einmal hatte ein (christlicher) Politiker zur Toleranz gemahnt mit dem Hinweis:

> „Die Mitarbeit in den Ausschüssen für die Jugendweihe und die Teilnahme ist vollkommen freiwillig. Wir erwarten , daß die Mitglieder unserer Partei sich diesen Bestrebungen tolerant gegenüber verhalten.“[203)]

Ist Kritik an der Jugendweihe Diskrimierung Andersgläubiger?

Die Bundesversammlung des Bundes freireligiöser Gemeinden Deutschlands meldete sich zu einer „Kampagne gegen Jugendweihen auf dem Gebiet der ehemaligen DDR“ zu Wort. Diese Jugendweihen seien zwar mißbraucht worden,

> „Jugendweihen und nichtchristliche Jugendfeiern haben aber eine über 100jährige Tradition. In Baden-Württemberg, Bayern, Bremen, Hamburg, Hessen, Niedersachesn Nordrhein-Westfalen, Rheinland-Pfalz und Westberlin werden sie regelmäßig durchgeführt.
> Schon der Versuch, die jetzt von den jungen Menschen und ihren Eltern im Gebiet der ehem. DDR gewünschten Jugendweihen zu diskriminieren und damit Andersgläubigen das Recht abzusprechen, Kulthandlungen durchzuführen, steht im Gegensatz zum Artikel 3 des Grundgesetzes.
> Selbstverständlich müssen die Inhalte der Jugendweihen, die von engagierten, meist ehrenamtlichen MitarbeiterInnen vermittelt und gestaltet werden, im Einklang stehen mit demokratischen Grundsätzen und freier Selbstbestimmung in Fragen der Zugehörigkeit oder Nichtzugehörigkeit zu einer Religions- oder Weltanschauungsgesellschaft.“ [204)]

Jugendweihe - wozu?

Der Sinn der Jugendweihearbeit wird verschieden bestimmt: Bei den Freidenkern des DFV heißt es, Jugendweihe müsse einen „politischen Sinn“ haben.

> „Politischen Sinn macht Jugendweihe als bewußter Gegenpol zu den herrschenden Mächten und ihrer Bildungs- und Informationspolitik. Sie muß unsere Weltsicht vermitteln und soll letztendlich auch verbandspolitisch sich in neuen Mitgliedern niederschlagen.“[206)]

Bei der Interessenvereinigung wird etwas nebulöser formuliert, man setze „die mehr als 100jährige Tradition der Jugendweihe in Deutschland fort und fühlt sich ausschließlich humanistischen und gemeinnützigen Zielen verpflichtet“[207)]. Wolkig formuliert der Präsident der Jugendweihe-Interessenten:

> „Der Sinn unserer Arbeit besteht darin, Ratgeber und Begleiter junger Menschen zu sein, ihnen zu helfen, ohne jegliche ideologische Indoktrination und Bevormundung den Weg ins Erwachsenenleben zu gehen. Die Lebenskraft der Jugendweihe entspringt dem humanistischen und moralischen Bedürfnis nach Lebenshilfe von Generation zu Generation“[208)]

Sehr deutlich wird man dagegen im DFV, wenn es heißt:

> „Wir nutzen also die Form der Jugendweihe, unser Weltbild vorzustellen und Erfahrungen weiterzugeben“[209)]

STICHWORT Weltanschauung

Der Begriff der Weltanschauungsgemeinschaft kam in die Weimarer Reichsverfassung und in das Grundgesetz (Art. 140), um „freireligiösen“ bzw. nicht-religiösen Gemeinschaften die gleichen Rechte wie den Kirchen und Religionsgemeinschaften zu eröffnen. „Artikel 140 schützt die Autonomie und das Selbstbestimmungsrecht der Religions und Weltanschauungsgemeinschhaften. ... Nach einer sehr weiten Auslegung des Bundesverfassungsgerichts genügt es, daß sich derartige Gruppierungen zumindest die partielle Pflege des religiösen und weltanschaulichen Lebens ihrer Mitglieder zum Ziel gesetzt haben. Die Begriffe ‘religiös’ und ‘weltanschaulich’ sind nicht im Sinne einer bestimmten Konfession oder Anschauung zu verstehen, sondern meinen ein einheitliches Grundkonzept vom Sinn der menschlichen Existenz, von der Beziehung des Menschen zu der ihn umgebenden Wirklichkeit und von daraus folgenden wesentlichen Lebensentwürfen.[205)] Weil er als Weltanschauungsgemeinschaft gilt, wurde dem Freidenkerverband in Berlin die Möglichkeit gegeben, Religionsunterricht zu erteilen.

Auch wie dies Weltbild aussieht, wird ausgeführt. Es geht wieder um einen klaren (Klassen)standpunkt und um eine klare Orientierung z.B. gegen die angeblich „gebotene" „Amerikanisierung". Deshalb kann es heißen:

> „Wieso ist ein Leben ohne Gott bei diesem Druck auf die Menschen erstrebenswert? Ist ein Leben ohne Gott lebbar? Im Sinne der Herausforderung solcher Fragen ist Jugendweihe-Machen höchste Verantwortung. Inhaltslosigkeit können wir uns auch deshalb nicht leisten, weil die Zeit zur Beantwortung dieser Fragen drängt. Solche Jugendweihe ist dann auch wirklich 'eine gute Sache'. Jugendweihe ist Verantwortung der früher geborenen gegenüber den später Geborenen. Sie ist Hilfe zur Selbsthilfe in der eigenen sozialen Klasse bzw. Schicht, die wegen des Reichtumsmangels sich die Macht des Reichtums gegen sich gefallen lassen muß."[210)]

Auch die Zusammenarbeit mit der Interessenvereinigung ist von dieser (politischen) Vorentscheidung geprägt. So heißt es überdeutlich:

> „Mögen nur Philosophen das Recht haben, die Welt nur zu interpretieren. Wir müssen unseren Beitrag leisten, sie zu verändern. In diesem Sinne wollen wir mit der Interessenvereinigung für humanistische Jugendarbeit und Jugendweihe e.V. zusammenarbeiten."[211)]

Mit Jugendweihe soll es anfangen: Aussichten

Von den verschiedenen Veranstaltern wird heute zum Ausdruck gebracht, daß man neben der Vorbereitung der Jugendweihe auch generell eine „humanistische" Jugendarbeit oder

> „zukünftig weiterhin nicht nur eine Feierstunde für kirchlich Ungebundene, sondern auch Jugendstunden für interessierte Mädchen und Jungen anbieten"[212)]

will. Dafür sind zwei Überlegungen wichtig: Zum einen glaubt man, über die Durchführung allgemeiner Jugendarbeit staatliche Fördermittel für die Jugendweihe erhalten zu können, zum anderen wird diese „Jugendarbeit" als ein Einstieg in die Jugendweihe gesehen. Denn hier möchte man - jedenfalls bei den „Freidenkern" des Dortmunder Verbandes - doch den Charakter der weltanschaulich ausgerichteten Feierstunde beibehalten. Auch andere solche Feierstunden bietet der „Deutsche Freidenker-Verband Sitz Dortmund"; er organisierte schon im Oktober 1992 in Dresden eine „erste Namensweihe für Kinder, deren Eltern im Sinne des tätigen Humanismus und unabhängig jeder religiösen Bindung erziehen wollen.[213)]

Geht es nach den Protagonisten der Jugendfeier/Jugendweihe im „Humanistischen Verband“, so ist diese sogar nur ein erster Schritt hin zu einer „weltlich-humanistischen Kultur“, die am liebsten schon heute „von der Wiege bis zur Bahre gehen sollte“ und zu der „weltliche Namensfeiern“, weltliche Einschulungsfeiern, „weltliche Beerdigungen“ und eben auch die „weltliche Jugendfeier“ oder „Jugendweihe“ gehören soll. Noch sei man davon ja weit

> „entfernt, aber der deutsche Einigungsprozeß wird schon dafür sorgen, daß es etwas schneller geht, als es gegangen wäre, in der sich weiter säkularisierenden alten Bundesrepublik“[214]

formulierte ein Sprecher des Berliner Humanistenverbandes, die Hoffnung auf einen Säkularisierungsschub aus den neuen in die alten Bundesländer. Unter der Überschrift „Aufschwung Ost“ hofft denn auch Manfred Isemeyer in der vom Deutschen Freidenker-Verband, Landesverband Berlin e.V. herausgegebenen Zeitschrift „diesseits“:

> „Der Prozeß der Säkularisierung in Deutschland schreitet weiter voran. Diese Entwicklung, insbesondere in den neuen Bundesländern, kann für die humanistischen Organisationen eine Trendwende bedeuten.“[215] Denn: „Eine Wachstumsstrategie der humanistischen Verbände muß primär so angelegt sein, daß sie auf die Bedürfnisse der Kirchenfreien in den neuen Bundesländern zugeschnitten ist. Hier lebt die Mehrzahl der Menschen, die praktische Lebenshilfe und -orientierung in Form von Dienstleistungen, Beratung und Information einfordern und am ehesten für eine humanistische Überzeugung zu gewinnen sind. Wo immer möglich, sollten Alternativen zur religiösen Erziehung in Elternhaus und Schule entwikelt werden, sollten humanistische Berater im Sozial- und Gesundheitsbereich tätig sein und weltliche Trauerredner Totenfeiern gestalten. Die neu entstandenen Verbände in Brandenburg und Sachsen-Anhalt geben Anlaß zur Hoffnung, daß hier eine Interessenvertretung der Konfessionslosen mit einem humanistischen Profil entsteht, die den Aufschwung der bundesdeutschen humanistischen Verbände wesentlich beeinflußen wird.“[216]

Festzuhalten ist, daß man für diese Zukunftsvisionen und konkreten Pläne an dem Ergebnis der Zwangs-Säkularisierung im Osten anknüpfen will, die durch Jugendweihe und andere Unterdrückungsmaßnahmen der SED-Herrschaft entstanden ist.

> „Vierzig Jahre staatlich verordneter Atheismus haben den Zugang zur Religiosität versperrt und die Konfessionsgemeinschaften zu gesellschaftlichen Minderheiten gemacht“[217]

heißt es in dieser kühlen Rechnung; man hofft auf weitere Marginalisierung, „kein Grund zur Schadenfreude“[218], aber andererseits Grund, jetzt „von der öffentlichen Hand daher den Teil der Steuergelder“ einzufordern, „der für die Betreuung der Kirchenfreien angemessen ist“[219] - als sei eine Organisation wie der Freidenker-Verband Westberlin/Humanistischer Verband die Vertretung der „Konfessionslosen“ oder gar der „Kirchenfreien“.

8. Renaissance der DDR-Jugendweihe

> „Es wird sie weiter geben - die Jugendweihe. Tradition der revolutionären deutschen Arbeiterbewegung, geboren gegen Ende des vergangenen Jahrhunderts, verboten während der Zeit des Faschismus. Es wird die weiter geben, die Jugendweihe in der DDR - nur eben wie so vieles heute ganz neu, ganz anders“[220]

Von einer regelrechten Renaissance der Jugendweihe sprach 1993 sogar ein Sprecher des „Humanistischen Verbandes“:

> „Renaissance ist es in meinen Augen deshalb, weil Eltern, Jugendliche und die Organisatoren der Jugendweihe-Veranstaltungen im Jahre 1993 erstmals sich offensiv zur Tradition der Jugendweihe-Feiern bekennen.“[221]

Völlig klar ist es, daß es nicht irgendwelche uralten, von der DDR bewußt gebrochenen Traditionen waren, die Urständ feiern; sondern es geht um die DDR-Tradition der Jugendweihe: Immerhin die letzten 40 Jahre der vielberufenen 100-jährigen Jugendweihe-Tradition hat ja doch die SED geschrieben!

> „Die Mehrheit der Eltern und Jugendlichen in der DDR, in der ehemaligen DDR wollen die Jugendweihefeiern weiterhin feiern, weil ihnen die Erwachsenwerdungsfeier wichtig ist und weil sie nicht auf die Angebote der christlichen Kirchen zurückgreifen können und zurückgreifen wollen.“[222]

teilte der Jugendweiheorganisator Sühl erleichtert mit. Also kein Bruch.

Gründe für das Weiterleben der Jugendweihe

Daß die Jugendweihe weiterlebt, ist sicherlich dem Sinn-Vakuum in der Ex-DDR geschuldet; in einer individualisierten, entwurzelten und desorganisierten Gesellschaft greift man nach Ritualen und Gewohnheiten, die „alle“ vollziehen, und die „schon immer so waren“. Wenigstens an dieser einen Stelle soll, wenn auch mit falschen

Begründungen, alles so bleiben, wie es war. 35 Jahre lang war ein Jahrgang nach dem anderen in die Jugendweihe gezwungen worden.
Eltern, die sich beugten, Jugendliche, die gezwungen, verlegen oder auch selbstverständlich an der Jugendweihe teilnahmen, haben sich der inneren Demütigung entzogen, indem sie für sich das Zwangsritual Jugendweihe uminterpretiert haben in eine allgemeine Schulentlassungsfeier, in ein Geschenkfest oder in die günstige Gelegenheit, die Einreise für die Westverwandschaft zu beantragen. Das war freilich ein Selbstbetrug, aber einer, der beim Überleben half.
Es ist viel verlangt, von den Gebeugten nun das erleichterte Eingeständnis der eigenen Anpassung zu verlangen; die Aufdeckung dürfte eher als narzistische Kränkung denn als Befreiung erlebt werden. So ist kaum verwunderlich, daß zur Zeit weder von den Familien, noch von den Organisatoren „Vergangenheitsbearbeitung" betrieben wird - dies Ausweichen ist ja in Deutschland nicht so ungewöhnlich und im Übrigen allgemein verbreitet im Umgang mit der Geschichte.
Hinzu kommt, daß der Zeitraum der Verdrängung der Konfirmation aus dem öffentlichen Bewußtsein schon lang war - die ersten Jugendweihlinge von 1955 gehören jetzt schon zur Großelterngeneration - sodaß die Jugendweihe von vielen Nutzern nicht mehr als „Ersatz" empfunden werden konnte, sondern als das „Normale". Kein Wunder: Wenigstens dreiviertel der 14-jährigen in den neuen Bundesländern dürften nicht getauft sein, kennen die Kirche nur vom Hörensagen, nicht aus ihrer Familie.
Demgegenüber hat es die (evangelische) Kirche, gegen deren Konfirmation die DDR-Jugendweihe ja in erster Linie gerichtet war, noch nicht vermocht, die Konfirmation wenn schon nicht als das Original gegenüber der Fälschung, so doch wenigstens als *das Echte* und als *das Bessere* im Gegensatz zur Jugendweihe ins öffentliche Bewußtsein zu rücken.
Es fällt in der Werbung der Nachwende-Jugendweihe-Organisatoren aber auf, wie einerseits mit der *Massenbeteiligung* als Hauptargument und Zeichen der Normalität der Jugendweihe geworben wird, andererseits aber immer wieder die „Selbstverständlichkeit" der Jugendweihe als „Alternative" mit dem Verweis auf die Konfirmation begründet wird. Damit zeigt sich, daß die Jugendweihe-Macher ihre Feier weiterhin nur als Abklatsch der Konfirmation empfinden können und letztlich am Maßstab von Konfirmandenunterricht und Konfirmation messen und messen lassen müssen.

„Interessentengemeinschaft“ für Weitermachen

Die Feier der Weiher

Nicht so sehr die Jugendlichen, sondern wohl eher ein beachtlicher Stamm von Funktionären sind die Hauptinteressenten am Fortbestehen und Weitermachen mit der neu-alten Jugendweihe. Jugendweihe ist ja auch eine Arbeitsbeschaffungsmaßnahme. Hier versuchen Organisationen und Organisatoren sich einzubringen, für sie existentiell wichtig und in Konkurrenz, was manche Bissigkeit erklärt.

Zu DDR-Zeiten gab es immerhin 350 hauptamtliche Mitarbeiter, 8.715 Jugendstundenleiter, 1.587 Leiter von Jugendstundenzentren, 5.700 Festredner, 1.500 jugendtouristische Betreuer, 56.659 Mitglieder in Jugendweiheausschüssen, und Feierkommisionen, 17.400 Mitglieder in Revisionskommissionen und zahlreiche andere Betreuer und Mitarbeiter, sodaß Rössling die aktiv Beteiligten mit 300.000 (!) Bürgern angibt.[223)]

Das haupt- oder ehrenamtliche Weitermachen bietet Lebensinn an, ist jetzt zwar nicht mehr ein Beitrag zur „Erziehung der Erzieher“ sondern vor allem Selbsthilfegruppe und Selbstbestätigung für von der Geschichte überrollte. Der haupt- und nebenamtliche „Klerus“ einer Weltanschauungsbewegung steht vor der existentiellen Frage „Es kann doch nicht (alles) vergebens gewesen sein?“

Hier können Familien weiterfeiern

Natürlich stellte die Abkehr von der Jugendweihe auch manche Familientradition, manches Mitmachen im Familienkreise in Frage. Jahr für Jahr wurden ja nicht nur 200.000 Jugendliche „geweiht“, sondern nahmen auch Millionen Familienmitglieder, Freunde usw. beobachtend, bestätigend an den Weihefeiern teil. Die Jugendweihe hat sich eingebrannt in das Gedächtnis. Vielleicht ist das Weitermachen mit jetzt etwas anderer Ausrichtung eine Möglichkeit, mit der Vergangenheit fertig zu werden?

Eine weitere Überlegung, die mir eher einleuchtet, folgt der Volksweisheit: „Man muß die Feste feiern wie sie fallen“. Es gibt da ein Fest. Warum sollte man es ausfallen lassen?

Daß es besonders heftig gefeiert werden muß, hat seinen besonderen Grund, der weniger etwas mit der Jugend, als vielmehr mit zeitgenössischen Familienstrukturen zu tun hat: Für viele Eltern und Familien ist die Jugendweihe (oder die häusliche Konfirmationsfeier) das letzte Fest, bei dem sie sich noch einmal als Familie erleben und feiern können, zu dem alle noch kommen. Jugendweihe wäre in dieser Sicht der letzte richtige und mögliche Kindergeburtstag, weniger ein Fest des Erwachsenseins. Und tatsächlich sind es die Eltern, vor allem die Eltern, für die dies Fest wichtig ist, die es „ihren“ „Kindern“[224] noch einmal so richtig schön machen. Viele Familien haben das Jugendweihedilemma schon in diesem Sinne „ohne Interessengemeinschaft“ auf ihre - familiäre- Art gelöst: Sie feiern den 14. Geburtstag „doppelt“, als Ersatz für die „entgangene“ Jugendweihe.

9. Jugendweihe aus kirchlicher Sicht

Zur Auseinandersetzung mit der Jugendweihe

Ob die Kirche will oder nicht: Sie ist bei der Jugendweihe ein ständiges Thema.

- Einerseits in Gestalt des Objekts für freisinnig-freidenkerische Seitenhiebe. Denn wenn z.B. Zeiten der Gedankenkontrolle, der Gesinnungsschnüffelei oder des Gewissenszwangs in Zeitschriften oder Festreden beschworen werden, dann sind dies nicht unbedingt die Zeiten der unmittelbaren DDR-Vergangenheit, sondern Mittelalter, Renaissance und frühe Neuzeit und die Inquisition „der Kirche“.
- Zugleich wird „die Kirche“ als Legitimationsgeber für das, was man selbst macht, benutzt: „Wir machen ja mit der Jugendweihe eigentlich auch nichts anderes als die Kirche, aber für Kirchenfreie“. Die Kirche kommt also in den Argumentationen gegenüber der Öffentlichkeit und den Politikern vor: „Wir auch!“
- Jugendweiheorganisatoren haben den Anspruch, über Kirche und Religion als Bildungsinhalte zu informieren. Die Kirche kommt also im Unterricht, in den Büchern usw. vor.
- Schließlich wird auch die Herkunft aller Kritik an der Jugendweihe bei den Kirchen geortet, sie werden am heftigsten wegen ihrer Kritik angezählt und abgemahnt.

Kritische Debatte über Inhalte und Konzepte

Die Kirche muß sich also der Auseinandersetzung stellen. Dazu gehört u.a., die Anmaßung der Jugendweihe- und Freidenkerfunk-

tionäre zurückzuweisen, sie seien in besonderer Weise qualifiziert und berufen, Lektionen über Toleranz und weltanschaulichen Pluralismus zu erteilen. Dazu muß die öffentliche Diskussion über die Inhalte der Jugendweihe und die Konzepte ihrer Anbieter überhaupt erst in Gang gesetzt werden.
Die Synode der Evangelischen Landeskirche Anhalts erklärte im November 1993 erneut die Unvereinbarkeit von Jugendweihe und Konfirmation. Wenn heute Trägervereine von Jugendweihe und Jugendfeiern parteipolitische Unabhängigkeit und Allgemeinnützigkeit versichern und zu einer angeblich neutralen Feier einladen, führten sie damit die „in DDR-Zeiten gewachsene Inkonsequenz und unbewußte Heuchelei weiter" und verhinderten eine ehrliche Betrachtung der Geschichte. Der weltanschauliche Anspruch der Jugendweihe werde vertuscht und eine „DDR-Krankheit" kultiviert.[225)]

Mitmachen bei der Jugendweihe?
Die Debatte muß aber auch kirchenintern geführt werden. Es kann als unbestritten gelten, daß Jugendlichen eine schöne Feier zu gönnen ist. Wie nun darum mit der Jugendweihe umzugehen ist, hat kirchlicherseits verschiedene Antworten gefunden.

- Da gibt es Überlegungen, wie sie der röm.-katholische Bischof in Berlin, Kardinal Sterzinski, anstellte, z.B. eine *nicht-weltanschauliche Schulfeier für alle* Schülerinnen und Schüler zu gestalten oder die Forderung eines ev. Pfarrers, gar eine *kirchliche Ersatzhandlung für die Jugendweihe* einzuführen, die „Jugendsegnung".[226)]

  Andere kirchliche Amtsträger haben sich weiter vorgewagt im Sinne des Mitgestaltens der realexistierenden Jugendweihe,
- wie ein röm.-kath. Kaplan, der sich in Sachsen als „Referent bzw. Gesprächpartner" bei Veranstaltungen der Interessengemeinschaft Jugendweihe zur Verfügung stellte oder
- wie ein evangelischer Pfarrer in Berlin und Brandenburg, der als Redner bei einer „Alternativen Jugendweihe/Jugendfeier" auftrat und sein Engagement damit begründete, hier habe er eine Chance als Christ wahrgenommen, mit Jugendlichen ins Gespräch zu kommen. Die Veranstaltung, bei der er gesprochen habe, sei keine Jugendweihe, sondern eine Jugendfeier gewesen, denn:

  > „Das, was wir heute machen, kann nicht mehr diesen Namen tragen. Wir müssen jetzt miteinander überlegen, ob es möglich ist, daß auch Christen bei solchen Jugendfeiern reden, hier mithelfen, Menschen in einer Orientierungsphase Hilfestellungen zu geben."[227)] Noch weitergehender kann er formulieren: „Aufgabe der Kirche ist es, die Botschaft von Jesus Christus

so zu erzählen, daß Menschen daran glauben können. Die Aufgabe des Humanistischen Verbandes in der heutigen Situation, wo Menschen gar nichts mehr glauben wollen und können ist es, mitzuhelfen, daß hier humanistische Grundtraditionen, die sicher in einem ganz starken Kontext stehen mit der christlichen Tradition, wenigstens noch bekannt gemacht werden. Insofern sehe ich uns als Christen und als religionslose Humanisten an mancher Stelle in einer vergleichbaren Verantwortung."[228]

Sicherlich ist es richtig, jede Gelegenheit zu nutzen, den christlichen Glauben zu bezeugen, doch fragt es sich, ob hierzu nicht auch die Hörer mit ihrer Entscheidung, den Sonntagvormittag eben nicht in der Kirche, sondern im Planetarium zu verbringen, ernstgenommen werden müssen. Es handelt sich ja auch bei den „Jugendfeiern" des „Humanistischen Verbandes" tatsächlich nicht um eine neue Feier, sondern um die alte Jugendweihe, von den Organisatoren ausdrücklich in der Tradition der „proletarischen Jugendweihe" gesehen. Man hat den Namen gewechselt. Es handelt sich aber auch bei den „Humanisten" nicht um schlicht religionslose Zeitgenossen, sondern im konkreten Fall um Vertreter einer Weltanschauungsgemeinschaft, die größten Wert darauf legen, als solche ernstgenommen und den Religionsgemeinschaften und Kirchen von staatlicher Seite her gleichgestellt zu werden.
Schließlich muß auch geklärt werden, welches denn nun aktuell die „humanistischen Grundtraditionen" sind. Die der DDR-Tradition? Oder die von den „Freien Humanisten" der IHEU proklamierten „humanistischen" Zielvorstellungen? (siehe oben „Stichwort Humanismus").

Kritische Betrachtung der Geschichte der Jugendweihe
Die Jugendweihe in ihren verschiedenen Ausführungen war nie eine wertfreie Sitte und kein harmloser Brauch wie z.B. das Drachensteigenlassen im Herbst, sondern ist von Anfang an von denjenigen organisiert worden, die die Kirche und ihre Botschaft ablehnten. In der DDR wurden dann Jugendliche wie Geiseln als Druckmittel gegen die Kirche benutzt. Im Kampf gegen die Evangelische Kirche in der DDR war fast jedes Mittel recht. Die sogenannte Entkirchlichung in Ostdeutschland ist *auch* eine der Folgen dieses Kampfes.
Auch eine bloße Beteuerung, „tausende Mädchen und Jungen" würden sich „völlig freiwillig zusammenfinden"[229] - schon damals hieß es immer und immer wieder wörtlich: „Die Teilnahme ist freiwillig" - ist keine Distanzierung von damaligen Praktiken, sondern muß als bloße Variante des „Weiter so" verstanden werden. Es kann nicht hinge-

nommen werden, wenn der Präsident einer Jugendweiheinteressengruppe den bisherigen Zwang zu Jugendweihe und Gelöbnis bagatellisiert mit dem Hinweis auf die Lüge der Gezwungenen:

> „Die Jugendweihe fühlt sich den allgemeinen humanistischen Werten verpflichtet und zwingt niemanden, wie in der Vergangenheit, zu einem Gelöbnis, zugegebenermaßen für viele eine Lüge“[230]

und sich bereits 1991 zur Kontinuität von Erwartung und Angebot bekennt:

> „Das Leben hat uns bestätigt, es gibt weiterhin großen Zuspruch und anhaltendes Interesse an unseren Veranstaltungen.“[231]

Die Organisatoren der jetzt „neuen“ Jugendweihen und auch der Jugendfeiern müssen auf dies 40 Jahre lange Kapitel ihrer hundertjährigen Tradition ihrer Jugendweihe als Geschichte der Intoleranz im Kampf gegen Kirche und Konfirmation befragt werden.
Vor allem aber müssen sie zum seelischen Druck auf einzelne Jugendliche und seinen Folgen ernstlich und nicht ausweichend (z.B. durch neue Bezeichnungen) Stellung nehmen. Mit der (unwahren) Behauptung: „Damit haben wir nichts zu tun, denn wir sind eine Neugründung!“ ist diese Vergangenheit der Jugendweihe (und etlicher ihrer derzeitigen Vorkämpfer) nicht auszulöschen. Unverschämtes Weitermachen, nämlich ohne Scham für eine Vergangenheit, an der man tw. sogar persönlich beteiligt war, kann nicht akzeptiert werden.
Es muß daher von allen heutigen Organisatoren der Jugendweihe - die z.T. ja schon zu DDR-Zeiten recht aktiv dabei waren - erwartet werden, daß sie die schuldhafte Geschichte der -ihrer!- Jugendweihe endlich aufarbeiten.
Die Kirchen können zu dem wie automatisch nun weiterlaufenden Massenritual nicht schweigen, da es eine Aufarbeitung der Unterdrückungsgeschichte verhindert und auch den Jugendlichen die Möglichkeiten einer fruchtbaren Behandlung der eigenen Probleme verstellt, statt sie zu befördern. Deshalb müssen Kirche und Öffentlichkeit auf Aufarbeitung dieser Geschichte drängen und die öffentliche Diskussion um die überlebte Jugendweihe offensiv führen - und bessere, eigene Angebote machen. Wer dies als „Intoleranz“ bezeichnet, zeigt, daß liberale oder demokratische Etiketten und Visitenkarten noch kein Garantieschein für freies Denken sind.

Ein Beispiel dafür, an welchen Punkten diese Debatte zu führen ist, gibt das folgende Dokument, eine von Pfarrern in der Propstei Gnoien in Mecklenburg im Frühjahr 1993 verfaßte „Gesprächsanregung“:

DOKUMENT: Gesprächsanregung zu Jugendweihe und Konfirmation

In der Evang.-Luth. Landeskirche Mecklenburgs besteht die Überzeugung, daß Konfirmation und Jugendweihe nach wie vor einander ausschließen. Ausschlaggebend sind dafür folgende Gesichtspunkte:

1. Zum Hintergrund der Jugendweihe

Die Veranstalter der Jugendweihe weisen heute zurück auf Praxis und Idee von vor 1933. Damit berufen sie sich auf eine Tradition, die durch Intoleranz und Atheismus geprägt war und auch nach 1949 aufgenommen und weitergeführt worden ist.

1.1. Jugendweihe vor 1933

Jugendweihe entstand im Freidenkertum des 19. Jahrhunderts. In den zwanziger Jahren unseres Jahrhunderts war Jugendweihe das entscheidende Instrument im Kampf des Freidenkertums gegen Konfirmation und Kirche.

Das Organ der „Gemeinschaft proletarischer Freidenker“ hatte den Titel „Der Atheist“. Dieser Name war zugleich Programm der Freidenker. 1926 heißt es in den Richtlinien der „Internationale proletarischer Freidenker“: „Ihre Sonderaufgabe (ist) ... Zerstörung der religiösen und bürgerlichen Ideologien in den Köpfen des Proletariats“.

1.2. Jugendweihe nach 1949

Die Zurückdrängung kirchlichen Einflusses in der Gesellschaft war auch das Ziel der Jugendweihe in der DDR.

Schulen, Betriebe, Bürgermeister, Polizei, Parteiorgane und beauftragte Bürger mußten den „Abteilungen Inneres“ melden, wieweit es gelungen war., Konfirmation zu verdrängen und durch Jugendweihe zu ersetzen. Belegt wird diese Praxis durch nach der Wende sichergestellte Akten der Räte der Kreise (z.B. Teterow).

Damit verbunden war die Verweigerung bzw. Gewährung von schulischer und beruflicher Fortbildung. Das Bekenntnis zur atheistischen Weltanschauung und zum Staat wurde per Gelöbnis eingefordert.

2. Zum Hintergrund der Konfirmation

Mit der Konfirmation sind verbunden das JA der Jugendlichen zu ihrer Taufe, das JA zu einem Leben auf der Grundlage des christlichen Glaubens sowie die Zulassung zum Abendmahl. Das Leben des Christen kann nur der Kraft Gottes gewidmet werden. Unter den Verhältnissen in der DDR sah sich die Kirche zunehmend durch die staatlich manipulierte Jugendweihe-Praxis unter Druck gesetzt. Es mußte berücksichtigt werden, daß die Teilnahme an der Jugendweihe in der DDR nicht immer in der freien Entscheidung der Eltern und Jugendlichen lag. So entschloß man sich, Teilnehmer der Jugendweihe, meist nach angemessener Wartezeit, dennoch zu konfirmieren.

Wir meinen:

Wer Jugend weiht, muß sich fragen lassen, wem oder welcher Kraft das Leben junger Menschen geweiht oder gewidmet werden soll und in wessen Auftrag oder Vollmacht dies geschieht. Feiern für Jugendli-

che, die dem christlichen Ansatz der Konfirmation widersprechen, ihn verdrängen oder ersetzen wollen, stehen im Gegensatz zu ihr.
Deshalb ist es nicht möglich, Konfirmation und Jugendweihe zugleich in Anspruch zu nehmen,. Es ist jetzt auch nicht mehr nötig, da keinerlei Nachteile entstehen, wofür man sich auch entscheidet.

Überlegungen zu einer Ersatzhandlung

In seiner Studie zur „neuen" Jugendweihe[132)] im Rahmen des Werkstattberichtes „Zur Konfessionslosigkeit in (Ost-)Deutschland" macht Erhardt Neubert, der die „postkommunistische Jugendweihe" als „Herausforderung für kirchliches Handeln" sieht, verschiedene Vorschläge. Er will damit die Möglichkeiten ausloten und auschöpfen, die die neue Freiheit bietet und den seiner Meinung nach anhaltenden Rückzug aus Gesellschaft und Öffentlichkeit stoppen.
Einerseits ermutigt er zur kritischen Auseinandersetzung mit der nur angeblich „neuen" Jugendweihe[233)]. Aber die bloße Auseinandersetzung mit der Jugendweihe und ihren Anbietern reiche nicht aus. „Entscheidend werden die eigenen Angebote sein, die die Kirchen den Menschen vorlegen."[234)]
Neubert schlägt deshalb neben einer Revitatlisierung der volkskirchlichen Konfirmation, die er nicht überall gleichermaßen für möglich hält, besonders im Blick auf konfessionslose Jugendliche ein „kirchlich verantwortetes Angebot für einen Passageritus" vor, das sich als öffentlicher, sozialdiakonischer und seelsorgerlicher Dienst versteht" und „geeignet ist, die Konkurrenz zur postkommunistischen Jugendweihe aufzunehmen".
Er erinnert dazu an andere, mehr oder weniger gelungene (Kasual-) Angebote der Kirchen in der DDR, mit denen diese auf eine säkularisierte Umwelt antworteten (Hochzeit mit einem konfessionslosen Partner, Bestattung für Nichtkirchenmitglieder, Offene Jugendarbeit usw.)[235)]
Als Alternative zur Jugendweihe versteht er seinen Vorschlag für eine von ihm sogenannte „Jugendsegnung":

> „Ein kirchliches Angebot, das sich von der Konfirmation unterschied(e), wäre mit den Gottesdiensten zum Schulanfang vergleichbar, der in vielen Orten von Eltern und Familienangehörigen besucht wird, ohne anschließend die Kinder zum kirchlichen Unterricht zu schicken."[236)]

Neubert verbindet diesen Vorschlag mit Überlegungen, daß die Kirche als Veranstalter eindeutig identifizierbar sein müsse; daß vorbereitende Jugendstunden als Bildungsarbeit und Vermittlung von Entscheidungsfähigkeit verstanden werden müßten und daß vor allem der Öffentlichkeitscharakter eines solchen Angebots sichergestellt sein müsse.

Konfirmandenunterricht *ist* die kirchliche Alternative

„Der Stellenwert der Konfirmation als *Einsegnung*"[137] müßte neu überdacht werden. Soweit ist Gedanken zu einer stärker in die Öffentlichkeit ausstrahlenden Jugendsegnung zuzustimmen. Die Suche nach für die Jugend so dringenden kirchlichen Alternativen darf aber nicht verengt werden auf die Gegenüberstellung von scheinbar formal gleichen „Passageriten", die dann eine von der Konfirmation unterschiedene „Jugendsegnung" erfordern würde.
Konfirmation ist nicht Abschluß der Kindheit, sondern zuerst „Abschlußfeier des kirchlichen Unterrichts und enthält Fürbitte und Segen für junge Menschen."[138] Sie ist kein Ritual oder Sakrament an sich, sondern steht in untrennbarem Zusammenhang mit dem Konfirmandenunterricht:

„- Die Jugendlichen werden im Konfirmandenunterricht zu einer Suchbewegung nach verantwortlichem Glauben und Leben von jüngeren und älteren Menschen, zu einem Stück gemeinsamen „Hineinkriechens in die Taufe" (M. Luther) eingeladen.
- Die Jungen und Mädchen werden in einer schwierigen Phase iher Entwicklung seelsorgerisch begleitet. Gleichzeitig wird ihnen auf vielfältige Weise die Erfahrung von Gemeinschaft angeboten - auch über den empirischen Horizont hinaus (Abendmahl).
- Sie werden im Vertrauen auf Gottes weiteres Geleit und mit dem Segen unseres Gottes entlassen."[139]

Diese Überlegungen eines einladenden, begleitenden und entlasssenden Konfirmandenunterrichts finden sich auch in dem hier abgedruckten Dokument, einer Stellungname des Kirchenamtes der Ev.-Luth. Landeskirche Sachsens:

DOKUMENT: Zur Konfirmationspraxis in Sachsen

EVANGELISCH-LUTHERISCHES LANDESKIRCHENAMT SACHSENS
Nr. 20120 / 482 - 5.12.1991
An die Pastorinnen und Pfarrer,
Kirchenvorstände, Bezirkskatechetinnen-und Katecheten
und Superintendenten der Ev.-Luth. Landeskirche Sachsens

Liebe Schwestern und Brüder,
die Landessynode hat eine Arbeitsgruppe aus Mitgliedern der Landessynode und des Landeskirchenamtes beauftragt, unseren Gemeinden Empfehlungen im Blick auf die Konfirmation unter den veränderten Verhältnissen in unserem Land zu geben. Diese Arbeitsgruppe legt folgende Empfehlung vor:
1. Situation
Mit dem Wegfall des staatlichen Drucks im Blick auf die Jugendweihe richten sich auf die Konfirmation zunehmend wieder volkskirchliche Erwartungen. Das ist eine dankbar zu begrüßende Entwicklung. Zugleich ist das aber auch eine Herausforderung zu verantwortungsbewußtem Handeln unserer Kirche.
Unter den neuen Verhältnissen wird es auch weiterhin die Jugendweihe geben. Ihr gegenüber kann es aber nur noch ein klares Entweder-Oder der Entscheidung geben. Den vielfach zu beobachtenden Werbungen für eine nun veränderte Jugendweihe in der Schule ist durch die christlichen Eltern und durch die kirchlichen Verantwortlichen vor Ort unmißverständlich mit dem Hinweis zu begegnen, daß solche Werbungen in der Schule genauso ungesetzlich sind, wie es eine Werbung für die Konfirmation in der Schule wäre.
In den nächsten Jahren werden sich Eltern mit der Bitte um Konfirmation ihrer Kinder an die Pfarrämter wenden, ohne daß dafür ein Vorlauf aus der Christenlehre vorhanden ist. Möglichkeiten des Einstieges im Konfirmandenalter müssen eröffnet werden. Das muß aber verantwortungsbewußt geschehen.
2. Was ist Konfirmation?
Selbstverständlich gehen wir davon aus, daß nach dem Verständnis unserer Kirche die Konfirmation die Bejahung der Taufe, die volle Berechtigung zur Teilnahme am Heiligen Abendmahl, die Berechtigung zum Patenamt und das Hineinwachsen in die Gemeinde beinhaltet. Wir bereiten auf diese Station des Glaubens in der Nachwirkung volkskirchlicher Tradition in der Regel 14-jährige vor. Alle ehrlichen Erfahrungen im Umgang mit jungen Menschen in diesem Alter machen deutlich, daß ein Bekenntnis in diesem Lebensalter für die meisten eine Überforderung ist. Die agendarische Frage an die Konfirmanden „Wollt ihr durch die Gnade Gottes in diesem Glauben bleiben und wachsen?“ und die Antwort „Ja, durch Gottes Gnade“ tragen dem Rechnung.

Dabei ist als Chance und Aufgabe zu bejahen, daß in volkskirchlicher Tradition das geistliche Anliegen der Konfirmation zusammentrifft mit dem menschlichen Wunsch nach einem Passageritus in diesem Lebensalter.

3. Vorbereitung

Es bleibt grundsätzliches Anliegen, daß sich die Vorbereitung auf die Konfirmation und die Konfirmation selbst natürlich und verantwortungsbewußt ergeben aus einer geordneten Kinderarbeit in unseren Gemeinden. Wie im Grunde schon immer werden sich nun aber junge Menschen ohne diesen Vorlauf um die Konfirmation bewerben. Die Übergangsphase unmittelbar nach den Veränderungen in unserem Land, in der es zum Teil sehr großzügige Entscheidungen hinsichtlich eines verkürzten Katechumenats gegeben hat, ist vorbei. Ohne ein geordnetes und verantwortungsbewußt durchgeführtes Katechumenat von in der Regel anderthalb Jahren darf eine Konfirmation nicht erfolgen.

Besondere Beachtung bedarf die Frage der Ungetauften. Lt. Taufordnung unserer Kirche sollen Kinder im Konfirmandenalter nicht mehr vor der Konfirmation getauft werden. Statt dessen soll die Taufe anstelle der Konfirmation erfolgen. Dieser Grundsatz ist sinnvoll und eröffnet für die gemeinsame Feier eines Tauf- und Konfirmationsgottesdienstes große Möglichkeiten. Dabei muß notwendigerweise betont werden, daß diese Möglichkeit eben nicht bedeutet, daß in solch einem festlichen Gottesdienst Getaufte anschließend noch konfirmiert werden. Es muß aber dem verantwortungsbewußten seelsorgerlichen Ermessen der Pastorinnen und Pfarrer überlassen werden, in Ausnahmefällen z.B. am Ende des ersten Konfirmandenunterweisungsjahres die Taufe zu feiern.

Angemerkt werden muß, daß für den Erwachsenenunterricht mit Konfirmation- und Taufbewerbern andere Maßstäbe und Erfahrungen gelten.

4. Termin

Das 14. Lebensjahr wird sich für die Konfirmation wieder durchsetzen.

Kirchengemeinden, die in Übereinstimmung zwischen Pfarrern, Kirchvorstand und Eltern gute Erfahrung mit der Konfirmation erst im neunten Schuljahr und demzufolge mit einer längeren Unterweisungszeit gemacht haben, sollten in freier, gemeinsamer Entscheidung bei diesem Weg bleiben. Auch in solchen Gruppen muß aber auf Wunsch die Konfirmation bereits im 14. Lebensjahr möglich sein. Für den kirchenjahresmäßigen Konfirmationstermin legt die Konfirmationsordnung unserer Kirche Palmarum oder Jubilate fest. Inzwischen haben sich auch andere Sonntage eingebürgert. Örtliche und regionale Traditionen sollten ihr Recht haben, müssen aber mindestens mit der zuständigen Superintendentur abgesprochen sein.

5. Konfirmation und Gemeinde

Die Konfirmation ist eine Station bei der Begleitung von Kindern und

Jugendlichen durch die Gemeinde in die Gemeinde hinein. Der Begriff des „konfirmierenden Handelns“ umschreibt diesen Prozeß. Zur Vorbereitung auf die Konfirmation gehören zum Beispiel auch Rüstzeiten und nach Möglichkeit die Beteiligung der Gemeinde an Formen des Unterrichtes. Zum „konfirmierenden Handeln“ der Gemeinde gehört nach wie vor auch die Möglichkeit der Feier des Heiligen Abendmahles mit Kindern im Rahmen entsprechender und geregelter Vorbereitung. Besonders wichtig ist der Brückenschlag zur Jungen Gemeinde. Die Wiederentdekung des Bekenntniszeichens der Jungen Gemeinde könnte dabei hilfreich sein. Jungen Christen, die bewußt in ihrer Gemeinde leben, könnte z.B. ein Jahr nach der Konfirmation in einem festlichen Gottesdienst dieses Bekenntniszeichen überreicht werden. Zur Beheimatung in der Gemeinde gehört aber ganz genauso, jungen Menschen die kirchenmusikalischen und sozialdiakonischen Dienstgruppen der Gemeinde werbend zu eröffnen.

10. Vorschläge und Ratschläge

Ratschläge und Vorschläge sind keine Vorschriften, sondern Gedanken und Hinweise, die helfen können. Manchmal klingen sie nicht gut, manchmal erscheinen sie einem unpassend. Man kann sie annehmen oder ausschlagen. Man kann sie jedenfalls als Hilfen zum eigenen Nachdenken benutzen.

Alte Lasten abwerfen
Eine gelegentlich gestellte Frage, die nur bei oberflächlicher Sicht unverständlich oder überholt erscheinen mag, soll hier als aller erstes klipp und klar beantwortet werden:
Nach evangelischem Verständnis war und ist niemand an sein „Gelöbnis“ bei der DDR-Jugendweihe gebunden. Keine Macht der Welt war dazu legitimiert, solch ein Gelöbnis (mit all seinen Implikationen durch das Gesamtumfeld der Jugendweihe) zu verlangen. Die Bekenntnissynode von Barmen 1934 stellte eindeutig fest:

> „Wir verwerfen die falsche Lehre, als gebe es Bereiche unseres Lebens, in denen wir nicht Jesus Christus, sondern anderen Herren zu eigen wären, Bereiche, in denen wir nicht der Rechtfertigung und Heiligung durch ihn bedürften.“ (Barmen II)

Weder Ziel noch Sinn unseres Lebens kann und darf von einem Staat oder einer Partei oder einer Gesellschaftsordnung bestimmt werden.

Wer daran glaubt, auf so etwas vertraut, der lebt auf falscher Sicherheit - früher wie heute.
Der Zusammenbruch falscher Sicherheiten ist nicht für jeden gleich eine Befreiung. Er kann auch als persönliche Katastrophe erlebt werden. Ein enttäuschender Zusammenbruch kann aber auch den Weg zu neuem Anfang freimachen.
Wer sich beschwert und innerlich belastet fühlt -möglicherweise auch, weil er als verantwortlicher Beteiligter (Jugendstundenleiter/in, Klassenlehrer/in usw.) anderen bösen Druck auferlegt hat und sie in falsche Loyalitäten gepreßt hat, weil er einfach auch mitgemacht hat oder anderen falschen Rat gegeben hat, sollte sich an eine Seelsorgerin oder einen Seelsorger seines Vertrauens wenden - das kann eine gute Freundin, ein guter Freund sein, das könnte auch eine Pfarrerin oder ein Pfarrer sein (denn dazu sind sie da).
Heute wird manchmal sehr freimütig auch von den Beteiligten der DDR-Jugendweihe und den heutigen Organisatoren neuer „Weihen" die Zwangsdurchsetzung der DDR-Jugendweihe „bis zuletzt" zugegeben. Oft aber mit der Verschiebung „Ich wars nicht, Margot H. (oder der Zentralausschuß oder, oder, oder! -jedenfalls jemand anders) ist es gewesen!" Manchmal wird auch augenzwinkernd behauptet, eigentlich seien ja alle „irgendwie" Opfer der Verhältnisse gewesen. Aber nicht Schuldabschiebung oder gleichmäßige Schuldverteilung, sondern Verantwortungsübernahme ist die Voraussetzung für Vergebung und einen neuen Anfang. „Die ausgesprochene, bekannte Sünde (d.h. die Schuld und das Versagen, für das man auch die persönliche Verantwortung übernimmt - T.G.) hat alle Macht verloren" ermutigte Dietrich Bonhoeffer uns alle zum Bruch mit der (persönlich unterschiedlichen) Vergangenheit.
Wo es möglich ist, sollte man deshalb auch in persönlichen Gesprächen z.B. mit seinen damaligen -eigentlich schutzbefohlenen-Schülerinnen und Schülern Versagen eingestehen und damit auch diesen Opfern des Jugendweihezwangs Lasten abnehmen.

Keine neuen Lasten aufladen

Für evangelische Christen ist eine „passive" Beteiligung an der Jugendweihe als „Jugendweihling" nicht möglich. Dazu haben kirchliche Stellen deutlich Position bezogen. Hier gilt: „Besteht in der Freiheit, zu der euch Christus befreit hat und laßt euch nicht wieder unter das Sklavenjoch zwingen."
Auch die aktive Beteiligung an einer „neuen" Jugendweihe als Redner usw. kommt wegen der unbearbeiteten antikirchlichen und letztlich

antichristlichen Traditionen und Praktiken der Jugendweihebewegung nicht in Frage. Jeder muß auch daran denken, daß er andere nicht durch ein falsches Vorbild-Verhalten irreführt.
Wer als Christ Gast bei einer Familienfeier aus Anlaß der Jugendweihe ist, könnte z.B. durch ein sehr persönliches Geschenk oder auch ein gutes Buch deutlich machen, daß für Christen das Leben viel mehr ist als „saure Wochen - frohe Feste“ samt „Passageriten“.

Jugendweihe/Jugendfeier und Weltanschauung
Auch wer sich als „religiös neutral“, „konfessionslos“ oder „gleichgültig“ versteht, muß sich klar machen, daß die Anbieter der Jugendweihen für sich selbst eine, meist atheistisch-materialistische, Festlegung getroffen haben, aus der heraus sie zu ihren Aktivitäten motiviert sind.
Soweit sich Jugendweiheanbieter an Eltern und Kinder wenden, die keiner christlichen Kirche angehören, gilt hier, daß die bewußte Teilnahme an einer religiösen oder weltanschaulichen Handlung von außen nicht bewertet werden kann. Niemand sollte aber zur Teilnahme an religiösen oder weltanschaulichen Handlungen oder Feierlichkeit gezwungen werden[240)]; niemand sollte auch durch z.B. Täuschung über den religiösen oder weltanschaulichen Charakter einer Handlung oder Feierlichkeit zur Teilnahme an einer solchen Handlung oder Feierlichkeit veranlaßt werden. Nach einem ungeschriebenen Gesetz sollte Offenlegung der Motive und Ziele einfach zum fairen Verhalten von Weltanschauungsgemeinschaften und Religionen gehören.

Jugendweihe und Verbraucherschutz
Wer die Jugendweihe/Jugendfeier freireligiöser, atheistischer oder freidenkerischer Tradition dennoch für eine Möglichkeit für sich und seine Familie hält, sollte darauf achten,

a) daß wenigstens die proklamierten Ansprüche und Versprechen eingehalten werden. Dazu gehört Qualität der Vorbereitung und Begleitung. (Vielleicht ist auch der heutige evangelische Konfirmandenunterricht mit all seinen Schwächen noch nicht das „Nonplusultra“: für Jugendunterricht und Jugendfeiern anderer Träger und Verbände setzt er aber eindeutige, bisher nicht überbotene Qualitätsmaßstäbe).
   Unbedingt zu fordern ist u.a.:
b) Offenlegung der weltanschaulichen bzw. politischen Grundlagen, Verbindungen und Festlegungen;

c) Humaner Umgang mit Jugendlichen, statt Behandlung als Stimm- und Zählvieh oder Adresslieferanten (Datenschutz!);
d) Ermöglichung und Ermutigung von „freiem Denken" und eigener Verantwortung und Entscheidung;
e) Gegenwartsorientierte Jugendarbeit für die Jugendlichen statt Rekrutierung junger Kämpfer für die Utopien von Gestern.

Jugendorganisationen
Eltern, die sich vor allem überlegen, wie ihre Kinder Gemeinschaft in der schwierigen Zeit der Pubertät und Adoleszenz finden können, sollten Kontakt aufnehmen zu regelrechten Jugendverbänden, die Jugendarbeit nicht als Feigenblatt, sondern als Hauptsache betreiben. Empfehlenswert sind vor allem auch solche Jugendorganisationen, in denen Kinder und Jugendliche nicht als Konsumenten oder Betreuungsobjekte gelten, sondern selbst das Gruppenleben gestalten können und echte Mitbestimmungsmöglichkeiten haben wie z.B. Gruppen der Sportjugend, Pfadfinder oder kirchliche Jugendgruppen. In solchen Gruppen können Jugendliche auch Gemeinschaft über den Tag hinaus finden. Auskünfte erteilen die Landes- und Kreisjugendringe, die oft auch ein Verzeichnis der am Ort aktiven Gruppen versenden können, oder jedes Landesjugendpfarramt (Anschriften im nächsten Kapitel).

Konfirmandenunterricht - die echte Alternative
Wer seinen Kindern einen Zugang zum christlichen Glauben eröffnen will, sollte ihnen die Möglichkeit bieten, am evangelischen Konfirmandenunterricht der nächsten evangelischen Kirchengemeinde teilzunehmen. Der Unterricht beginnt meist nach den Sommerferien und dauert ca. eineinhalb Jahre.
Der Konfirmandenunterricht und die Konfirmation sind eine inhaltliche und strukturelle Alternative zum bloßen „weiter so!" der Jugendweihe. Die gute Möglichkeit des Konfirmandenunterrichts muß nicht für jeden notwendig mit der Konfirmation enden. Vielmehr stellt er, besonders angesichts der Misere der „Jugendweihestunden", auch ein einmaliges Bildungsangebot dar, das zu echten und eigenen Entscheidungen befähigt.
Übrigens sind heutzutage oft mehrere Jugendliche in einer Konfirmandengruppe nicht getauft. Das ist kein Grund, nicht am Konfirmandenunterricht teilzunehmen oder sich zu genieren. Ob man sich taufen lassen will, kann im Laufe der Zeit jeder selbst entscheiden.

11. Wohin kann man sich wenden? (Adressen) Stand: 3/94

Deutschland evangelische Landeskirchen (Auswahl) :
Auskünfte über den Konfirmandenunterricht und kirchliche Jugendgruppen erteilen die örtlichen Pfarrämter und die landeskirchlichen Stellen für Jugendarbeit, die im folgenden Adressteil aufgeführt werden. Die meisten evangelischen Landeskirchen haben auch für Beratung, Information und Seelsorge besondere Beauftragte für Weltanschauungsfragen ernannt. Sie sind in der folgenden Liste besonders gekennzeichnet:

Anhalt: Diakon Ulrich Mayer, Amt für Jugendarbeit, Schäferberg 7, D-06406 Bernburg, Fon+Fax: 03471/ 215 02

Bayern: Pfr. Dr. Wolfgang Behnk, Beauftragter für Sekten- und Weltanschauungsfragen der Ev.-Luth. Kirche in Bayern, Fon: 089/ 55980 444; Fax: 089/ 55980 443, Marsstr. 22, D-80335 München
- Pfr. Bernhard Wolf, Beauftragter der Ev.-Luth. Kirche in Bayern für religiöse und geistige Strömungen, Fon: 0911/ 678 578, Fax: 0911/ 685 682, Neuendettelsauer Str. 4/II, D-90449 Nürnberg

Berlin-Brandenburg: Arbeitsstelle für Konfirmandenunterricht, Pfr. Christian Witting, Goethestr. 27-30, D- 10625 Berlin, Fon: 030/ 3191-249
- Amt für Jugendarbeit/Stadtjugendpfarramt Berlin, Neue Grünstr. 19 - 22, D-10179 Berlin, Fon: 030/ 278 020
- Landesjugendpfarrer Bertram Althausen, Charlottenstr. 67, D-14467 Potsdam, Fon 0331/ 211 96
- Pfr. Thomas Gandow, Provinzialpfarrer für Sekten- und Weltanschauungsfragen der Ev. Kirche in Berlin-Brandenburg, Fon: 030/ 815 7040, Fax: 030/ 815 47 96, Heimat 27, D-14165 Berlin-Zehlendorf

Frankfurt am Main: Kurt-Helmuth Eimuth, Dipl.Päd., Beauftragter des Ev. Regionalverbandes Frankfurt am Main für Religions- und Weltanschauungsfragen, Fon: 069/ 285 502, Fax: 069/ 296 260, Saalgasse 15, D-60311 Frankfurt am Main

Hamburg: Pastor Jörn Möller, Beauftragter für Jugendseelsorge (Jugendreligionen und weltanschauliche Strömungen) im Nordelbischen Jugendpfarramt Sprengel Hamburg, Fon: 040/ 251 82 07, Fax: 040/ 2500 285, Hirschgraben 25, D-22089 Hamburg

Hannover: Pfr. Wilhelm Knackstedt, Beauftragter für Weltanschauungsfragen der Hannoverschen Landeskirche, Fon: 0511/ 1241 414, Fax: 0511/ 1241 499, Postfach, D-30002 Hannover

Kirchenprovinz Sachsen: Pfr. Dr. Andreas Fincke, Beauftragter für Sekten- und Weltanschauungsfragen der Ev. Kirche der Kirchenprovinz Sachsen, zu erreichen über: Ev. Konsistorium, Fon: 0391/ 31881, Am Dom 2, D-39104 Magdeburg

Provinzialpfarrerin Sigried Neumann, Amt für Jugendarbeit, Dräsekeplatz 1, D-39106 Magdeburg, Fon: 0391/ 55 15 20, Fax: 0391/ 55 10 37

Kurhessen-Waldeck: Pfr. Eduard Trenkel, Beauftragter der Ev. Kirche von Kurhessen-Waldeck für Sekten-, Weltanschauungs- und Islamfragen, Wilhelmshöher Allee 330, Fon: 0561/ 308 32 43, Fax: 0561/ 30 83 410, D-34131 Kassel,

Mecklenburg: Landespastor Dr. Matthias Kleiminger, Beauftragter für Weltanschauungsfragen, Hansenstr. 5, Fon: 03843/ 63964, D-18273 Güstrow

- Landesjugendpastor Georg Heydenreich, Landesjugendpfarramt, Kirchenstr. 6, D-19055 Schwerin, Fon: 0385/ 830 60

Pommern: Superintendent Reinhold Garbe, Beauftragter der Ev. Landeskirche Pommerns, Wolgaster Str.6, D-17509 Wusterhusen Büro für landeskirchliche Jugendarbeit, Pfr. Reinhard Haack, Karl-Marx-Platz 15, D-17489 Greifswald, Fon: 03834/ 52 61

Rheinland: Pastor Joachim Keden, Beauftragter der Ev. Kirche im Rheinland, Rochusstr. 44, Fon: 0211/ 361 02 46, Fax: 0211/ 3610422, D-40479 Düsseldorf

Sachsen: Pfr. Ekkehart Zieglschmid, Sektenbeauftragter der Ev.-Luth. Landeskirche Sachsens, An der Heilandskirche 1, Fon: 0351/ 436450, D-01157 Dresden

- Landesjugendpfarramt, Geschäftsstelle, Friedrichstr. 43, D-01067 Dresden, Fon 0351/ 496 31 62

Schlesische Oberlausitz (Görlitzer Kirchengebiet): Pfr. Jörg Michel, Ev. Kirche der schlesischen Oberlausitz, Martin-Luther-King-Haus, PSF 2339, Fon: 03571/ 72073, D-02977 Hoyerswerda

- Konsistorium der Evangelischen Kirche der schlesischen Oberlausitz, Schlaurother Str. 11, D-02827 Görlitz, Fon: 03581/ 74 40, Fax: 03581/ 74 42 99

Thüringen: Kirchenrat Dr. Friedrich Büchner, Beauftragter für Weltanschauungsfragen - Religionen - Sondergemeinschaften - Sekten der Ev.-Luth. Kirche in Thüringen, Karolinenstr. 8, D-99817 Eisenach Fon: 03691/ 76649

- Landesjugendpfarrer Christhard Wagner, Barfüßerstr. 22, D-99817 Eisenach, Fon: 03691/ 4033

Deutschland-kath. Diözesen und bischöfl.Ämter (Auswahl):

Berlin: Pater Klaus Funke OP, Dominikanerkloster St. Paulus, Oldenburger Str. 46, D-10551 Berlin-Moabit,Fon: 030/ 3957097/8, Fax: 030/ 396 21 77

Dresden-Meißen: Kaplan Gerald Kluge, Pfarrei St. Kunigunde, Dr. Wilhelm-Külz-Str. 4, D-01796 Pirna, Fon: 03501/ 3325

Erfurt-Meiningen: Kaplan Michael Neudert, Kath. Pfarramt, Alexanderstr. 45, D-99817 Eisenach Fon: 03691/ 3880

Schwerin: Kaplan Michael Sobania, Schloßstr. 20, D-19053 Schwerin, Fon: 0385/ 864 463 (auch Fax)

- *Weitere Informationsstellen:*

* „Arbeitskreis Religiöse Gemeinschaften" der VELKD, c/o VELKD D-Kirchenamt, Terrassenstr., D-14129 Berlin-Schlachtensee, Fon: 030/ 8018001 Fax: 030/ 8026187; Der Arbeitskreis hat das - vor allem für kirchliche Mitarbeiter wichtige - „Handbuch Religiöse Gemeinschaften" erarbeitet, das 1993 in 4. Auflage im Gütersloher Verlagshaus Gerd Mohn erschienen ist.
* Für die Beratung in Fragen der Sekten und Jugendreligionen gibt es die „Ev. Zentralstelle für Weltanschauungsfragen" (EZW). Die „EZW" ist eine Einrichtung der EKD und bietet kostenloses Informationsmaterial (z.B. Faltblätter) und Vorträge zu Sekten und Jugendreligionen auch für Schulen; Hölderlinplatz 2 A, D-70193 Stuttgart und Außenstelle Berlin D-10117 Berlin, Auguststr. 80, Fon: 0711/ 226 22 81/2, Fax: 0711/ 226 13 31
* Arbeitsgemeinschaft für Religions- und Weltanschauungsfragen, Postfach 50 01 07, D-80971 München-Moosach, Fax: 089/6414152 bietet Literatur zu Religions- und Weltanschauungsfragen.
* Archiv für Religions- und Weltanschauungsfragen, Heimat 27, D-14165 Berlin-Zehlendorf, Fon: 030/ 815 70 40, Fax: 030/ 815 47 96 sammelt Informationen von ehemaligen Mitgliedern von Sekten und Weltanschauungsgemeinschaften, auch aus Nachlässen.
* Als Hilfs- und Beratungsstellen empfehlen sich ferner: die kirchlichen Erziehungs- Ehe- und Familienberatungsstellen; die Adressen sind jeweils dem örtlichen Telefonbuch zu entnehmen oder bei einem Pfarramt zu erfragen.

AMBOSS ODER HAMMER SEIN

Das war vor fast 60 Jahren, am 26. April 1925. Diese Jugendweihe lebt heute als besonderer Tag in mir. Das kleine Buch steht als bibliophile Kostbarkeit in meinem Bücherschrank. Häufig, wenn ich nach Schätzen der Weltliteratur greife und in meinen Büchern blättere, kommt es mir in die Hände. Es erinnert mich an die Zeit, in der meine Kindheit zu Ende ging und in der der Beginn meines bewußten Lebens liegt. Ich habe nicht vergessen, wie wir uns in den Monaten des achten, für uns damals letzten Schuljahres fast jede Woche nachmittags mit einem jungen Lehrer im Klassenzimmer trafen und seinen Worten über die Entstehung des Lebens und das Werden der menschlichen Gesellschaft lauschten.

Was wir in den nachmittäglichen Zusammenkünften aufgenommen hatten, klang in der Feierstunde mit den Worten des Festredners, mit der Musik in uns nach. Zum erstenmal verstanden wir vielleicht in dieser Stunde, wie wichtig es ist, daß die arbeitenden Menschen die Gesetze der gesellschaftlichen Entwicklung erkennen, daß sie sich Wissen und die Schätze der Kultur ihres Volkes aneignen, daß die Produkte ihres Fleißes gerecht verteilt werden. Am Schluß der Festansprache stand Goethes Vers: »Du mußt steigen oder sinken. Du mußt herrschen und gewinnen oder dienen und verlieren. Leiden oder triumphieren, Amboß oder Hammer sein.«

Das für uns Arbeiterkinder unvergeßliche Datum unserer Jugendweihe war ein historisches Datum für die Reaktionäre aller Schattierungen und ein verhängnisvoller Sonntag für das deutsche Volk. An diesem Sonntag wurde der 78jährige Kriegsverbrecher Generalfeldmarschall Hindenburg zum Reichspräsidenten gewählt. Der verschärften chauvinistischen, revanchistischen – der faschistischen Entwicklung Deutschlands war der Weg geebnet.

Die historische Entwicklung ist bekannt. Der gespaltenen deutschen Arbeiterbewegung gelang es damals nicht, auf dem Amboß der Geschichte die Zukunft zu schmieden. Es kam die Zeit der Massenarbeitslosigkeit. Im Kampf um ihre Rechte wurden die Werktätigen von der Polizei und von faschistischen Schlägertrupps terrorisiert. Wir hatten zahlreiche Opfer zu beklagen. Ein Mitschüler aus unserer Jugendweiheklasse gab sein Leben für die spanische Republik in den Reihen der Internationalen Brigaden. Der Redner unserer Feierstunde und unser Jugendstundenlehrer gehörten zu den Opfern der Konzentrationslager.

Als wir nach der Befreiung vom Faschismus mit dem Aufbau der Grundlagen des Sozialismus in unserer jungen Republik begannen, besannen wir uns auf die ehrenvollen Kapitel in der Kulturgeschichte der deutschen Arbeiterbewegung. Zahlreiche Werktätige sprachen ihre Überzeugung aus, daß wir mit Jugendweihen, ihrer Vorbereitung und Durchführung unter der Mitwirkung von Aktivisten der ersten Stunde, antifaschistischen Widerstandskämpfern, Künstlern und Wissenschaftlern eine Tradition wiedererwekken, die sich würdig in die großen kulturellen Leistungen unseres Arbeiter-und-Bauern-Staates einreihen läßt.

Der Frühling 1955 brachte der Tradition Jugendweihe die Wiederbelebung. Ich saß im Festsaal des Pädagogischen Instituts in Halle und nahm an der Jugendweihe meiner Tochter teil. Wieder erklangen festliche Akkorde von Beethoven. Künstler des Landestheaters sprachen Friedensgedichte. Die Friedensode von Händel erinnerte die Hörer an das Wichtigste im Leben der Menschen. Sicherlich hat in dieser Stunde Kubas Gedicht »Sagen wird man über unsere Tage« den Jugendlichen die Zeit der Erfolge des sozialistischen Aufbaus als einen revolutionären Traum gezeigt. Der Direktor des Instituts, ein antifaschistischer Widerstandskämpfer, rief die Jugendlichen dazu auf, dem Beispiel der Aktivisten der ersten Stunde, dem Beispiel der Arbeiter und Bauern, dem Beispiel der Eltern zu folgen, im Kampf für den Frieden und am friedlichen Aufbau unserer Republik mitzuwirken. Und wieder hörte ich die Worte: »Du mußt Amboß oder Hammer sein.«

Die damals die Jugendweihe erhielten, sind nicht in faschistischen Gefängnissen oder gar Konzentrationslagern gequält worden, sie sind nicht arbeitslos, sondern geachtete Werktätige. Sie sind Mütter und Väter geworden. Das Jugendweihebuch »Weltall, Erde, Mensch« gehört in ihren Familien zu den Büchern, in denen man sich auch heute noch Auskunft über Fragen holt, die einen Sozialisten bewegen. (...)

Für unsere Enkel, die heute ihre Jugendweihe feiern, haben die Eltern gemeinsam mit den Veteranen nicht nur neue Städte, sondern ein neues Land gebaut – die DDR, hochgeachtet im 36. Jahr ihres Bestehens in aller Welt, bei allen friedliebenden Menschen.

Franz Bauer
Mitglied des Bezirkskomitees Berlin der Antifaschistischen Widerstandskämpfer

„Amboss oder Hammer sein“ von Franz Bauer, Mitglied des Bezirkskomittes Berlin der Antifaschistischen Widerstandskämpfer in: Teilnehmerheft 1985/86 „Deine Jugendstunden“, herausgegeben vom Zentralen Ausschuß für Jugendweihe in der Deutschen Demokratischen Republik, (1985), S. 12 f.

12. Die Mystifizierten (statt eines Nachwortes)

Vor den Sommerferien war ich noch in eine Schule in den Süden eingeladen. Aber nicht Schüler wie sonst füllten an diesem warmen Sommertag die holzgetäfelte Aula, sondern Eltern und Lehrer der Oberstufe hatten sich in Sorge um ihre Kinder versammelt. Mütter und Väter waren beunruhigt, aufgeschreckt durch die Faszination des Bösen, durch Satanismus und Gewalt.

Woher kamen die Mächte des Bösen? Warum waren Söhne und Töchter sogar fasziniert von denen, die Gewalt übten? Hatten Lehrer und Eltern nicht immer nur das Gute, das Beste gewollt? Hatte man den Kindern hier nicht stets nur Ideale vor Augen gestellt? War die Macht des Bösen und der Gewalt nicht wie etwas völlig Neues erstmals wie ein eiskalter Hauch mit der teuflischen Black-Metal-Musik aus dem Westen gekommen, ebenso wie die Drogen?

Die ratlosen Gesichter der Versammelten waren in das sanfte Licht des bleiverglasten Fensters an der Stirnseite der Aula getaucht. Mir schien, daß die Verglasung nach dem Krieg erneuert worden war, in der Aufbauzeit, aber sie paßte sich dem neugotischen Stil der Aula an. Jetzt stand in der kirchenfensterartigen Stirnseite der Aula in großen Lettern das Motto, das Schülergeneration um Schülergeneration seit den fünfziger Jahren Jahr um Jahr bei jeder Feier in der Aula lesen mußte, lesen konnte, wenn die Ohren müde geworden waren von den Reden des Schuldirektors mit den bekannten Inhalten und den Chorgesängen. Dann wanderten die Augen der Schülerinnen und Schüler, gingen spazieren und blieben wohl hängen, mußten hängenbleiben an diesem Spruch.

Schon die Eltern hatten, in ihrer Schulzeit zwischen 1950 und 1970, Jahre lang diesen Spruch vor Augen. Es war ja kein Stalinzitat, zu dem sie aufgesehen hatten. So blieb der Spruch stehn im Fenster bis heute. Es war ja viel mehr als eine Parole: ein Gedicht von Goethe. Da stand, so geschrieben, daß es Generationen lesen sollten und wohl auch für gut befunden hatten:

Nutze deine jungen Tage,
lerne zeitlich klüger sein;
auf des Glückes großer Wage
steht die Zunge selten ein.
Du mußt steigen oder sinken,
du mußt herrschen und gewinnen
oder dienen und verlieren,
leiden oder triumphieren,
Ambos oder Hammer sein.

Seit den Anfängen der Jugendweihe war dies immer ein beliebter Weihespruch. Erst recht seit der Wiederaneignung des humanistischen Erbes in der DDR wurde den Jugendlichen überall in der Republik dieses Goethezitat auf den Weg gegeben. In Weihereden und als Weihespruch, als Spruch im Poesiealbum und als Einstiegsmotto bei der Jugendstunde mit dem Arbeiterveteran, auch als Wandparole.

Hammer oder Amboß? Wer wen? Auch du, Goethe?
Ich konnte meine Augen kaum von dem Fenster wenden, als ich nach vorne gerufen wurde und mit meinem Referat beginnen sollte. Ich sollte über die schädlichen Folgen von „Satanismus“ und Rockmusik aber auch über die Gründe und Ursachen sprechen: Unsere kalte Welt, unsere zerbrochenen Familien und Gemeinschaften, unsere ungelebten und daher unglaubwürdigen Ideale. In meinem Konzept stand allerlei über die Grundsätze und Maßstäbe des Satanismus wie:

TU WAS DU WILLST SOLL SEIN DAS GANZE GESETZ
MITLEID IST EIN LASTER
SELIG SIND DIE STARKEN, DENN SIE
WERDEN DIE ERDE BESITZEN
DIE SKLAVEN SOLLEN DIENEN
WENN DICH JEMAND AUF DIE EINE BACKE SCHLÄGT,
KNALL IHM EINE AUF DIE ANDERE

Ich verzichtete darauf, in mein Vortragskonzept mit diesen scheinbar so fremden Gedanken einzusteigen und versuchte stattdessen, das Gedicht, das allen vor Augen stand, auszulegen. Begann zu sagen, daß das Böse verführerisch ist. So verführerisch, daß es uns sogar als das absolut Gute erscheinen kann. Daß wir nicht weit weg nach dem Bösen suchen müssen, sondern bei uns selbst. Daß es nicht erst aus dem Westen kommen muß, sondern daß wir mit seinen Parolen unsere Fenster schmücken, weil das Böse uns nicht fremd ist.
Ich ging die Ratschläge des Gedichtes in Prosa durch:

Wer will schon sinken und absteigen?
Wer dient, kann nur verlieren!
Keiner will leiden!
Willst du etwa geschlagen und getreten werden?
Sei klüger und entscheide dich richtig:
Steige auf!
Herrsche und gewinne!
Triumphiere! Sei ein Hammer, schlag zu!

Gewiß keine Friedenspädagogik, sondern eine egoistische Ellenbogenideologie, die gut paßt zu dem, wie mancher heute sein will: Egoistisch, erfolgreich, rücksichtslos, hart.
Das war sie im Klartext, die Ethik im stilvollen Fenster. Das waren die goldenen Ratschläge, die Jahrgang um Jahrgang eingeprägt wurden mit der Autorität eines Goethezitats.
Und - wie man mir sagte - *„gerade heute brauchbare Überlebenshilfe“*, die bleiben könne und sogar mit der Marktwirtschaft übereinstimme. Goethe ist ja auch über jeden Verdacht erhaben. Er war ja wohl kein Propagandist des Klassenkampfes!

* * *

Es muß denen, die für DDR-Weihestunden und Weihereden diesen Fensterspruch auswählten, aus bodenloser Ahnungslosigkeit ein fürchterlicher und verhängnisvoller Irrtum unterlaufen sein. Es kann ja wohl nicht Absicht gewesen sein!
40 Jahre lang hat man die Jugend mit dem Anspruch des „Wahren-Schönen-Guten“ in die Ethik eines Schurken eingeweiht! Man hatte Gemeinheit und Haudrauf-Mentalität mit den höheren Weihen des Weimarer Olympiers buchstäblich mystifiziert!
Denn dies Gedicht stammt aus dem Fragment einer komischen Oper mit dem Titel:“ Die Mystifizierten“. Mit dieser Oper wollte sich Goethe mit der Figur und der Wirkung des Scharlatans Cagliostro auseinandersetzen. Es sind die zwei Bass-Arien, die Goethe bereits gedichtet hatte für die Rolle des schwindelhaften Gurus und Hochstaplers, der sich als der „Groß-Cophta“, als geheimer Regent und Weltenherrscher ausgab.
Diese Lieder des „Groß-Cophta“, die als „Cophtische Lieder“ deutlich in jedem Goethegedichtband gekennzeichnet sind, sind die offenen, die unverstellten Worte eines Jugendverführers, eines Schwindlers, in denen er seine wirklichen Lehren einmal offenbart:

Cophtisches Lied
Lasset Gelehrte sich zanken und streiten,
Streng und bedächtig die Lehrer auch sein!
Alle die weisesten aller der Zeiten
Lächeln und winken und stimmen mit ein:
Töricht, auf Beßrung der Toren zu harren!
Kinder der Klugheit, o habet die Narren
Eben zum Narren auch, wie sich's gehört!

Merlin der Alte, im leuchtenden Grabe,
Wo ich als Jüngling gesprochen ihn habe,
Hat mich mit ähnlicher Antwort belehrt:
Töricht, auf Beßrung der Toren zu harren!
Kinder der Klugheit, o habet die Narren
Eben zum Narren auch, wie sich's gehört!

Und auf den Höhen der indischen Lüfte
Und in den Tiefen ägyptischer Grüfte
Hab' ich das heilige Wort nur gehört:
Töricht, auf Beßrung der Toren zu harren!
Kinder der Klugheit, o habet die Narren
Eben zum Narren auch, wie sich's gehört!

Ein anderes
Geh! gehorche meinen Winken,
Nutze deine jungen Tage
Lerne zeitig klüger sein!
Auf des Glückes großer Wage
Steht die Zunge selten ein:
Du mußt steigen oder sinken;
Du mußt herrschen und gewinnen;
Oder dienen und verlieren;
Leiden oder triumphieren;
Amboß oder Hammer sein.

Aus der komischen Oper ist dann nichts mehr geworden. Goethe wollte sich intensiver mit dem Stoff auseinandersetzen und schrieb ein Theaterstück mit dem Titel: Der Groß-Cophta. Hier finden wir (im 3. Aufzug, 5. Auftritt) folgenden Inhalt: Ein idealistischer Jüngling (der „Ritter"), der erwartet, „daß ihm der Meister die Mittel anzeigen solle, das allgemeine Beste zu befördern" hat sich dem „Grafen" (d.h. Cagliostro) als seinem Meister angeschlosssen. Dieser gibt sich zunächst als Vertreter des Groß-Cophta, später als der Groß-Cophta selbst aus. Der Jüngling hofft auf die Einweihung vom Gehilfen- in den Meistergrad, denn er möchte,

„daß die Hindernisse, die dem sittlichen Menschen entgegenstehen, nicht unüberwindlich sei'n, daß es möglich sei, sich nicht allein zu kennen, sondern sich auch zu bessern; daß es möglich sei, die Rechte der Menschen nicht nur einzusehen, sondern auch geltend zu machen und, indem man für andere arbeitet, zugleich den einzigen schönen Lohn für sich gewinnen - „

Statt solche Anleitung zur Besserung zu erfahren, wird er mit den wahren Lehren des Groß-Cophta für die Einweihung in den Meistergrad, in den Erwachsenenstatus, konfrontiert, die in Form eines Prüfungsgesprächs vorgestellt werden:

„Wo ist der Mittelpunkt der Welt, auf den sich alles beziehen muß?
- In unserm Herzen.
Was ist unser höchstes Gesetz?
- Unser eigener Vorteil.
Wer ist der Weiseste?
- Der nichts anders weiß noch will als das, was begegnet.
Wer ist der Klügste?
- Der in allem, was ihm begegnet, seinen Vorteil findet."

Auf seinen enttäuschten Protest hin wird dem jungen Mann vom „Domherrn", einem anderen Adepten des Groß-Cophta, gutmütig erläutert, daß es bei der Einweihung, die der Groß-Cophta zu vergeben hat, um alles andere als jugendliche Schwärmerei geht:

> „Gehn Sie nur, gehn Sie und sehn Sie sich in der Welt, sehn sie sich in Ihrem Herzen um. Bedauern Sie meinetwegen die Toren; aber ziehen Sie Vorteil aus der Torheit. Sehn Sie, wie jeder vom andern so viel als möglich zu nehmen sucht, um ihm so wenig als möglich zurück zu geben. Jeder mag lieber befehlen als dienen, lieber sich tragen lassen als tragen. (...) Alle Menschen sind Egoisten; nur ein Schüler, nur ein Tor kann sie ändern wollen."

In der ursprünglich geplanten Oper hatte Goethe genau diese Gedanken dem „Grafen/Groß-Cophta" selbst in den Mund gelegt. Sie sind der Inhalt der beiden Bass-Arien, die als 'Cophtische Lieder' zuerst 1796 in Schillers „Musenalmanach" erschienen. - Enttäuscht will der idealistische Jüngling daraufhin Reißaus nehmen. Das war es nicht, wofür er sich einsetzen wollte und wofür er die Einweihung (in den Meistergrad des cophtischen Geheimbundes) erbat.
Der Groß-Cophta, der Guru aber spielt noch eine Umdrehung weiter mit ihm: Er geht dem Jüngling nach und behauptet, diese offensichtlich egoistischen, gemeinen Lehren habe er ja nur vertreten, um ihn auf die Probe zu stellen, ob er wirklich ein gutes Herz habe.[141)] Beruhigt läßt sich der Jüngling wieder einfangen, fühlt sich geschmeichelt und ist damit ein zweites Mal gebunden - zwar nicht durch Herrschsucht, aber durch Eitelkeit.[142)]
Man meinte wohl in der Jugendweihebewegung und später in der DDR, im Dichterwort Ahnungen von der Gesetzmäßigkeit des (Klassen)kampfes zu entdecken, und war von der vermeintlichen eigenen Kongenialität so geblendet, daß man die cophtischen Worte des Schwindlers nicht mehr wörtlich nehmen konnte und auch nicht mehr als das erkannte, was sie sind und beinhalten: Bestenfalls blanken Zynismus, aber vor allem offene Menschenverachtung. Man war nicht einmal mehr so schlau wie der „echte" Cophta/Cagliostro, der, „ertappt", einfach behauptete, daß er alles nur zur Prüfung seiner Anhänger machte, um die egoistische Spreu vom Weizen zu scheiden.
Ist es denn möglich, daß die Menschenverachtung dieser Worte tatsächlich Lehrern, Politikern, Pädagogen und Jugend-Weihern 40 Jahre lang entgangen sein sollte? Gewiß wird man sagen können, daß manches Zitat durch einen neuen Kontext einen neuen Sinn bekommt. Aber in welchem neuen Zusammenhang (dem Sozialismus? der Marktwirtschaft? der „Abhärtung fürs Leben"?) wären denn die Aussagen der cophtischen Lieder zu rechtfertigen?
Müßte nicht jeder, der diese „cophtischen Weisheiten" hört, schon

> Mit Verdruß hatte ich viele Jahre die Betrügereien kühner Phantasten und absichtlicher Schwärmer zu verwünschen Gelegenheit gehabt und mich über die unbegreifliche Verblendung vorzüglicher Menschen bei solchen frechen Zudringlichkeiten mit Widerwillen verwundert. Nun lagen die direkten und indirekten Folgen solcher Narrheiten als Verbrechen und Halbverbrechen gegen die Majestät vor mir, alle zusammen wirksam genug, um den schönsten Thron der Welt zu erschüttern.
>
> Mir aber einigen Trost und Unterhaltung zu verschaffen, suchte ich diesem Ungeheuren eine heitere Seite abzugewinnen, und die Form der komischen Oper, die sich mir schon seit längerer Zeit als eine der vorzüglichsten dramatischen Darstellungsweisen empfohlen hatte, schien auch ernstern Gegenständen nicht fremd, wie an „König Theodor“ zu sehen gewesen.
>
> Und so wurde denn jener Gegenstand rhythmisch bearbeitet, die Komposition mit Reichardt verabredet, wovon denn die Anlagen einiger tüchtigen Baß-Arien bekannt geworden; andere Musikstücke, die außer dem Kontext keine Bedeutung hatten, blieben zurück, und die Stelle, von der man sich die meiste Wirkung versprach, kam auch nicht zu stande: das Geistersehen in der Kristallkugel vor dem schlafend weissagenden Cophta sollte als blendendes Final vor allen glänzen.
>
> Aber da waltete kein froher Geist über dem Ganzen, es geriet ins Stocken, und um nicht alle Mühe zu verlieren, schrieb ich ein prosaisches Stück,

Johann Wolfgang von Goethe in: Kampagne in Frankreich, Goethes Sämtliche Werke, Jubiläumsausgabe, 28 Band, Stuttgart und Berlin, S. 206 f.

vom Inhalt her gegen solche Ansichten und Lebensratschläge protestieren? Mehr noch: Wirft nicht der ursprüngliche Zusammenhang der „cophtischen Lieder“ mit einer betrügerischen „Einweihung“ und die spätere Zuordnung zu „Jugendweihe und Aufnahme in die sozialistische Menschengemeinschaft" auf das ganze Jugendweihe-Ritual ein deutliches Licht?

Walter Benjamin schreibt übrigens zu der Faszination des Cagliostro auf seine Zeitgenossen (und es paßt auch zu der Faszination der Sprüche auf uns und „unsere" Genossen):

> „Gerade weil die Leute so fest davon überzeugt waren, daß Übernatürliches nicht wahr sei, grade darum hatten sie sich nie Mühe gegeben, ernsthaft darüber nachzudenken, und mußen Cagliostro, der ihnen das Übernatürliche mit der Gewandheit eines Taschenspielers vorgaukelte, zum Opfer fallen. Hätten sie weniger feste Überzeugungen und mehr Beobachtungsgabe gehabt, so hätte es ihnen nicht geschehen können. Das ist auch eine Lehre von dieser Geschichte, daß Beobachtungsgabe und Menschenkenntnis in vielen Fällen mehr wert sind als ein noch so fester und richtiger Standpunkt." [243)]

Für die Jugendweihemacher gilt: Wer so beliebig (hier: Goethes) Gedanken in das Gegenteil verdrehen kann, ohne daß er es selbst merkt, hat, geblendet durch „Klassenstandpunkt" und „feste Überzeugungen" die Maßstäbe menschlichen Lebens nicht nur verloren. Sie wurden absichtlich verächtlich gemacht, systematisch zerbrochen. Mit Folgen, die weder durch Schnellkurse, noch durch „Weitermachen" zu überwinden sind, sondern die wirkliche Rückbesinnung und Buße erforderlich machen würden.

13. Anhang

Literaturhinweise

1. Grundlegend ist nach wie vor die Dissertation eines schwedischen Theologen zur typisch deutschen Jugendweihetradition.

- Bo Hallberg: Die Jugendweihe. Zur deutschen Jugendweihetradition, 2. durchgesehene Auflage, Vandenhoek & Ruprecht, Göttingen 1979

Hallberg weist nach, daß die Jugendweihe, aus der evangelischen Konfirmation herrührend, ein Produkt der „Aufklärung" ist und daß später bemerkte, gefährliche Tendenzen bereits früh angelegt waren. Ausführlich wird hierzu u.a. dargestellt:

- die Geschichte der evangelischen Konfirmation,
- die Jugendweihe der Freireligiösen und Freidenker von ihren Anfängen bis Mitte der siebziger Jahre,
- die nationalsozialistische und deutschgläubige Jugendweihe und
- die Tradition der proletarischen Jugendweihen bis hin zur DDR.[244)]

2. In der DDR gab es zuletzt eine regelrechte Jugendweihe-Forschung und -Geschichtsschreibung, wobei die Jugendweihe erst ausschließlich als Teil bzw. Vorläufer sozialistischer Pädagogik, seit Mitte der achtziger Jahre aber als „neuer Brauch" dargestellt und legitimiert werden sollte. Man stellte die Jugendweihe u.a. als Erbe archaischer Bräuche, dann auch als Erbe der freireligiösen (eigentlich schon „fortschrittlichen") Jugendweihen der Mitte und des Endes des vorigen Jahrhunderts, aber vor allem der „proletarischen Jugendweihen" der sozialdemokratischen und kommunistischen Freidenker-Bewegung der Weimarer Zeit dar. Besonders zu nennen sind:

- Gotthold Krapp: Die Kämpfe um proletarischen Jugendunterricht und proletarische Jugendweihen am Ende des 19. Jahrhunderts. Ein Beitrag zu den Anfängen der sozialistischen Erziehung der Arbeiterkinder in der 2. Hauptperiode der Geschichte der deutschen Arbeiterbewegung. Monumenta paedagogica Bd. XVII. Verlag Volk und Wissen, Berlin 1977
- Wolfgang Billerbeck: Die Jugendweihe - eine revolutionäre Tradition der deutschen Arbeiterklasse. In: Pädagogik 3/62, S. 257 ff.
- Chronik zur Geschichte der Jugendweihe. Hrsg Zentraler Ausschuß für Jugendweihe unter Mitwirkung der Pädagogischen Hochschule Zwickau (Berlin 1989)

- Konstanze Billeb: Neubeginn und Entwicklung einer proletarischen Tradition - die Jugendweihe im östlichen Teil Deutschlands 1946 bis 1958. Dissertation Zwickau 1991

3. Auch vom (Westberliner) Freidenkerverband wurde ein Sammelband mit grundsätzlichen Darstellungen vorgelegt, die die Geschichte der Jugendweihe und ihre Situation in Ost und West zum Zeitpunkt der Drucklegung (1989) zum Inhalt hat.
- Manfred Isemeyer, Klaus Sühl, Hg.: Feste der Arbeiterbewegung: 100 Jahre Jugendweihe, Berlin, Elefantenpress 1989

Es wird versucht, die Jugendweihe vor allem als „proletarische" Kulturleistung darzustellen. So werden die Anfänge der Jugendweihe bei den „Freireligiösen" als bloßer Vorlauf dargestellt, die Periode der Jugendweihe in der Zeit der nationalsozialistischen Hitlerherrschaft wird einfach ausgelassen. Dieser mit zahlreichen Abbildungen schön ausgestattete Band krankt am Interesse der Verfasser, eine proletarische Tradition für jugendweihendes Handeln nachzuweisen, deren Träger, die Arbeiterbewegung, wie von den Herausgebern selbst festgestellt wird, so nicht mehr vorhanden ist. Und er trägt daher nur wenig aus für eine Begründung der heute von den Herausgebern favorisierten „humanistischen Jugendfeiern" des „Humanistischen Verbandes Deutschlands".

4. Brauchbar für das Verständnis der Entwicklung der Jugendweihe in der DDR ist eine materialreiche Untersuchung von Willi Weinzen und Detlev Urban, die in zwei Aufsätzen zum Verhältnis von Konfirmation und Jugendweihe den Kenntnis- und Forschungsstand Mitte der achtziger Jahre zusammenfasst.
- Detlef Urban und Hans Willi Weinzen: Jugend ohne Bekenntnis? 30 Jahre Konfirmation und Jugendweihe im anderen Teil Deutschlands 1954 - 1984, Wichern-Verlag Berlin 1984

Manche Fragestellungen sind liebenswert zeitgebunden (im dem Sinne, daß sie lehrbuchmäßig der offiziellen westlichen DDR-Sicht zu Anfang der achtziger Jahre entsprechen), vor allem die durchgetragene Vorstellung, die entscheidende Entwicklung der Jugendweihe in der DDR sei „von der atheistischen zur staatsbürgerlichen Bildung und Erziehung" gegangen, die Jugendweihe sei eine „neue Volkssitte" geworden.

An manchen Passagen ist aber auch zu merken, daß Nicht-Theologen am Werke sind, so etwa, wenn durchweg nach „Atheismus" gefahndet wird und jegliches Fehlen von „militantem Atheismus" schon erleichtert vermerkt wird. Dabei gibt es doch in unserer Kirche z.B.

mit dem II. Satz der Barmer Theologischen Erklärung vom 31.5.1934 noch andere Prüfsteine als nur den Test auf platte, explizite Gottesleugnung.

5. Kurz vor Abschluß der Arbeit an diesem Buch erhielt ich freundlicherweise den Vorabdruck einer Studie aus kirchlicher Perspektive, die im Zusammenhang der sogenannten Renaissance der Jugendweihe in Ostdeutschland die Möglichkeiten kirchlichen Handelns neu reflektiert:
- Ehrhart Neubert: Die postkommunistische Jugendweihe - Herausforderung für kirchliches Handeln in: Zur Konfessionslosigkeit in (Ost-) Deutschland - Ein Werkstattbericht. Begegnungen 4/5 , Hrsg. Studien- und Begegnungsstätte Berlin der Ev. Kirche in Deutschland, Berlin 1994, S. 36 - 94

Neubert äußert sich sehr kritisch zu den Traditionen der von ihm sogenannten „postkommunistischen Jugendweihe“. Seine These vom „totalitären Kern“[245)] der Jugendweihe und ihrer Traditionen kann aus der Arbeit von Hallberg und auf Grund des SED-Vorlaufs als historisch gesichert gelten. Neubert betont besonders den Charakter der Jugendweihe als eines (wenigstens zur Zeit für die Ex-DDR notwendigen) Passageritus für Jugendliche. Schließlich zielt seine Studie auf dringend zu diskutierende Überlegungen und Vorschläge zur Rückgewinnung von Kompetenz und Öffentlichkeit für kirchliche Jugendarbeit, kirchlichen Unterricht und Konfirmation.

6. Ein Buch, das ich als das definitive Jugendweihe-Geschenkbuch empfehlen würde, weil es aufräumt mit Klischees und dabei am wohlverstandenen Anspruch der Aufklärung festhält, ist von
- Walter Benjamin: Aufklärung für Kinder - Rundfunkvorträge, Herausgegeben von Rolf Tiedemann, edition suhrkamp, Neue Folge 317, Frankfurt am Main 1985

Anmerkungen

1) Deutsche Lehrerzeitung vom 4.5.1992
2) Wenn der Präsident der „Interessenvereinigung Jugendweihe, Riedel, gegenüber verschiedenen Zeitungen erklärt, die 1993 aufgebotenen 70.000 Weihlinge seien eine Steigerung um 30 %; dann können es 1992 also nur 50.000 gewesen sein! (z.B. Welt am Sonntag vom 21.3.93) Es handelt sich also nicht um exakte Zahlenangaben, sondern um Werbezahlen.
3) Gesetz über die Teilnahme der Jugend der Deutschen Demokratischen Republik am Kampf um den umfassenden Aufbau des Sozialismus und die allseitige Förderung ihrer Initiative bei der Leitung der Volkswirtschaft und des Staates, im Beruf und Schule, bei Kultur und Sport - Jugendgesetz der DDR, beschlossen von der Volkskammer der Deutschen Demokratischen Republik, 4. Mai 1964, § 10 (5), zitiert nach Staatsbürgerkunde, Dokumente und Materialien, Dietzverlag Berlin 1967 (1. Auflage 1964) S. 338
4) Bo Hallberg: Die Jugendweihe. Zur deutschen Jugendweihetradition, 2. durchgesehene Auflage, Vandenhoek & Ruprecht, Göttingen 1979 zeigt darüberhinaus, „dass die freireligiöse Bewegung und damit die deutsche Jugendweihetradition von dem Ideengut der Aufklärungszeit inhaltlich bestimmt ist". a.a.O. S. 20
5) Der folgende Abschnitt erschien zuerst als Diskussionsbeitrag in der Berliner Liberalen Zeitung Nr. 3 vom März/April 1992, S. 3
6) Schreiben von „Präsident Bezirksstadtrat für Bildung und Kultur" Werner Riedel vom 30.12.91 für die „Berliner Liberale Zeitung" der FDP.
7) Ich verweise hierzu auf die sehr unterschiedlichen ausführlichen Darstellungen, die bisher vorliegen (Vgl. auch Kapitel 13.1 Literaturhinweise)
8) Wolfgang Billerbeck, Die Jugendweihe - eine revolutionäre Tradition der deutschen Arbeiterklasse. In: Pädagogik, Zeitschrift für Theorie und Praxis der sozialistischen Erziehung, 17. Jahrgang, Nr. 3, S. 257 -267 - Etwa dieselben Gedankengänge zitiert übrigens Neubert, a.a.O. S. 42 auch: „Feste und Feiern *sind eine uralte Tradition der Menschheit. Sie sind nicht* alle ursprünglich *durch religiöse Vorstellungen* entstanden - *obwohl Mystik und Aberglauben* früher *eine Rolle spielten -, sondern* die Menschen verliehen bestimmten Lebensabschnitten einen festlichen Charakter. ... *Die Feiern und Weihen der Jugend* waren *folglich aus der Notwendigkeit heraus entstanden, die Heranwachsenden auf ihre gesellschaftlichen Aufgaben vorzubereiten,* ihnen *die wichtigsten Regeln* und Werte des menschlichen *Zusammenlebens zu vermitteln. ... Die Feiern und Weihen der Jugend haben im Laufe* der Menschheitsgeschichte unterschiedliche Formen angenommen. *Erst in der Zeit der Sklavenhaltergesellschaft und des Feudalismus* fällt die *Entstehung* von religiösen *Weihefeiern wie die „Firmung"* der katholischen Kirche. *Nach dem Tod Luthers und Calvins bildete sich dann auch als Nachahmung der Firmung* die protestantische *Konfirmation heraus.*"
Neubert hat diese Gedankengänge allerdings nicht bei Billerbeck, sondern in einer Pressemappe gefunden. Er gibt als seine Quelle an: „Manfred Isemeyer, Kurze Geschichte der Jugendweihe, Typoskript der Presse am 4.04.1993 durch den Deutschen Freidenkerverband übergeben." Erstaunliche Dubletten in der Formulierung zwischen Billerbeck 1962 und Isemeyer 1993 habe ich kursiv gesetzt. Gibt es möglicherweise doch trotz aller Abgrenzung vom Mißbrauch der Jugendweihe durch die DDR manche Gemeinsamkeiten zwischen der DDR-Auffassung von Jugendweihe und der des heutigen Humanistischen Verbandes?
9) Das hat Hallberg, a.a.O. besonders herausgearbeitet. Wolfram Miller, Dresden, schreibt in einem Brief vom 27.11.89: „Ich mache ... dazu den Vorschlag, ... überhaupt die Jugendweihe abzuschaffen. Grund: In keinem sozialistischen Land gab bzw. gibt es solche heidnischen Bräuche wie Namensgebung oder Jugendweihe. Warum denn da aber ausgerechnet in der DDR?" In: Jugendweihe 1/90, Herausge-

ber: Zentraler Ausschuß für Jugendweihe in der DDR; zweifacher Träger des Vaterländischen Verdienstordens in Gold., S. 4

10) Es sei denn, man vergleicht, wie es tatsächlich auch geschieht, die Beschneidung in verschiedenen Kulturen mit der Jugendweihe. Besonderheit bei der Beschneidung der Knaben aber ist, daß sie in der Regel *vor* der Pubertät, meist wenige Tage nach der Geburt, stattfindet. Berühmte Ausnahme: bei den Kikuyu in Kenia wird die Beschneidung bis zum 17. Lebensjahr durchgeführt.

11) Hallberg, a.a.O. S. 46 ff.

12) aus: Schülerduden „Die Religionen" Mannheim 1977, S. 227 f.

13) aus: Taschenlexikon für Konfirmanden, 285 Stichworte zum Grundwissen christlichen Glaubens, Evangelische Verlagsanstalt Berlin 1989, S. 53

14) aus: Taschenlexikon für Konfirmanden, a.a.O., S. 53

15) Sie übernehmen die evangelische Konfirmation in der durch die Aufklärungszeit geprägten Gestalt, in der es über die Konfirmation schon heißen kann: 'Der Actus der Einsegnung ist die feierliche Weihe der zur Religion und Sittlichkeit gebildeten Jünglinge und Töchter an die Gottheit und an die Gemeine, oder überhaupt an die menschliche Gesellschaft, in welche sie aufgenommen werden' und die wird 'Jugendfest' oder 'Jünglingsweihe' genannt" zitiert Hallberg den Theologen D. Jenisch aus dessen Buch von 1803. Hallberg, a.a.O. S. 57

16) So konnte der Provincialvorstand der christkatholischen Gemeinden Schlesiens 1849 formulieren. Zitiert nach Hallberg, a.a.O. S. 73

17) aus der Zusammenstellung von Hallberg, a.a.O. S. 76

18) Die Bezeichnung „freireligiös" wurde abgelehnt, weil man nicht religionsfrei, sondern frei *in* der Religion sein wollte.

19) in: Reform, Jg. 1847, Nr. 9, S. 28/29, zitiert nach Gotthold Krapp: Die Kämpfe um proletarischen Jugendunterricht und proletarische Jugendweihen am Ende des 19. Jahrhunderts. Ein Beitrag zu den Anfängen der sozialistischen Erziehung der Arbeiterkinder in der 2. Hauptperiode der Geschichte der deutschen Arbeiterbewegung. Monumenta paedagogica Bd. XVII. Verlag Volk und Wissen, Berlin 1977, S. 69, Anm. 255, (Im Folgenden zitiert als Gotthold Krapp)

20) Sonntags-Blatt <Uhlich>, 4. Jg. <1853>, Nr. 30 <24.7.>, S. 120, zitiert nach Gotthold Krapp, a.a.O., S. 68 f. Anm. 255

21) Konfirmation in der deutschkatholischen Gemeinde Oberingelheim zu Pfingsten 1852, aus: Deutschkath. Sonntags-Blatt, 2. Jg. <1852>, Nr. 24 <13.6.>, S. 95. zitiert nach Gotthold Krapp: a.a.O., S. 71, Anm. 262

22) Gelöbnis der Konfirmation in der Freien Religiösen Gemeinde Nürnberg Ostern 1872 in: Es werde Licht, 3. Jg. (1872), Heft 6, S. 89 (Sperrungen im Original nicht berücksichtigt.) Zitiert nach: Gotthold Krapp, a.a.O.

23) Vergleiche zur Durchsetzung des Namens vor allem Krapp, a.a.O. S. 215 - 218, der auch auf Widerstände in der KPD gegen „Jugendweihe" eingeht. Bis Mitte der zwanziger Jahre ist in der KPD noch „Schulentlassungsfeier" üblich

Morgenröte, 15. Jg. <1892>, Nr. 1, S. 11/12, zitiert nach Gotthold Krapp, a.a.O., S. 86f., Anm. 8 . Für Krapp ist dies natürlich nicht Unterwanderung, sondern ein positives Beispiel des Klassenkampfes.

25) Das Thema der Entwicklung einer eigenständigen „proletarischen" Fest- und Feierkultur durch die Arbeiterbewegung ist das Thema des Buches von Manfred Isemeyer, Klaus Sühl, Hg.: Feste der Arbeiterbewegung: 100 Jahre Jugendweihe, Berlin, Elefantenpress 1989, im Weiteren zitiert als Isemeyer/Sühl.

26) vgl. besonders auch: Isemeyer/Sühl, a.a.O.

27) Weihereden Berlin 1889/90, S.13-15, zitiert nach Gotthold Krapp, a.a.O. S. 168

28) Duden Etymologie S. 805; Hallberg, a.a.O. S. 26 weist darauf hin, daß das Wort „Weihe" „bis Mitte des 13. Jhs. nur bei geistlichen Schriftstellern zu belegen und auch im 15./16. Jh. wesentlich ein Kirchenwort" bleibt. - Dies muß auch all denen entgegengehalten werden, die das Wort „Weihe" und seine Zusammensetzungen tümelnd in „germanische" o.ä. Zusammenhänge bringen wollen. Vergl. dazu auch

Thomas Gandow: Weihnachten. Glaube, Brauch und Entstehung des Christfestes, Münchner Reihe Nr. 658, Ev. Presseverband für Bayern epv, München 1993, S. 22

29) Gotthold Krapp, a.a.O. S. 168

30) Jugend voran! Mitteilungsblatt der sozialistischen Arbeiterjugend Groß-Berlin und Brandenburg, 5. Jahrgang (1922/23) Nr.1., 1.4.1922, S. 1, zitiert nach: Roland Gröschel / Andrea Lummert „Zur Konfirmation gehen die anderen..." Arbeiterjugend, Religion und Jugendweihe in Berlin 1900 bis 1933 in: Isemeyer/Sühl, a.a.O., S. 119

31) Vergleiche zu den deutsch-völkischen und deutschreligiösen Gruppen Friedrich-Wilhelm Haack: Wotans Wiederkehr. Blut-, Boden- und Rassereligion, Evangelischer Presseverband für Bayern, München 1981 und ders.: Blut-Mythus und Rasse-Religion. neugermanische und deutsch-völkische Religiosität, Münchener Reihe 638, Evangelischer Presseverband für Bayern, München 1983

32) Der Weihwart 1922, H.1, S. 6, zitiert nach Hallberg, S. 106

33) Allerhand Fundstellen der Jahrgänge 1922-1924 bei Hallberg, a.a.O. S. 106

34) Junge Kirche 13/1933 vom 21.9.1933

35) Neubert, a.a.O. S. 38 dagegen vermutet, die Nationalsozialisten „brachen mit der Tradition der Jugendweihe" und hätten energisch daran gearbeitet, andere quasireligiöse Rituale zu schaffen, wie die „Jugendleite"; jedoch hätten sich diese angesichts des Krieges nicht mehr richtig durchsetzen können.

36) u.a. aus den Akten der Kirchenkanzlei der EKD, in der damalige kirchliche Berichte und Schreiben an staatliche Stellen zu „Kulthandlungen (Partei und Staat) unter dem Aktenzeichen Hannover C 3/225 geführt werden.

37) Hallberg, a.a.O. S. 113

38) ebenda S.114

39) nach Hallberg, ebenda, S. 109

40) NSDAP. Kreisleitung Hannover, Kreisschulungsamt, den 25.4.1938, Akten Hannover C 3/225, zitiert nach Hallberg, a.a.O. S. 119

41) Evang. Oberkichenrat Stuttgart v. 20.2.1939 an Herrn Reichsstatthalter in Stuttgart, Akten Hannover C 3/225, zitiert nach Hallberg, a.a.O. S. 121

42) Hallberg, a.a.O. S. 122

43) ebenda S. 124-127

44) ebenda S. 128-131

45) Heinz Ohlendorf: Der festliche Jahreskreis. Briefe zur Feiergestaltung, Ludwig Voggenreiter Verlag Potsdam, 2. veränderte Auflage 1941 S. 89 - 94

46) ebenda

47) Manfred Isemeyer: 100 Jahre proletarische Jugendweihe in Deutschland - Ein historischer Überblick in: Isemeyer/Sühl, a.a.O., S. 38

48) Das Programm der Freireligiösen Jugendweihe der Freireligiösen Landesgemeinde Baden, o.J. und Verfasser, zitiert nach Hallberg, S. 101

49) Die Jugendweihe. Feier zum Abschluß der Kindheit, Sonderschrift, hrsg. von Freireligiöser Landesgemeinschaft Nordrhein-Westfalen 1966, S. 6, zitiert nach Hallberg, a.a.O. S. 105

50) und dies ein Jahr nach der „Zwangsvereinigung" von SPD und KPD in Ostdeutschland zur SED am 21.4.1946!

51) Sozialdemokrat, 22.02.47, S. 2, zitiert nach Billeb, a.a.O. V, Anlage 1

52) Sozialdemokrat, 22.4.47, S. 2; Vorwärts, 15.04.1947, S. 4; Sozialdemokrat, 24.06.47, S. 4 (vgl. Billeb, a.a.O.S. 11 f.)

53) Kurt Aland: Apologie der Apologetik - Zur Haltung und Aufgabe evangelischen Christentums in den Auseinandersetzungen der Gegenwart, Hilfe für's Amt Bd. 15, Christlicher Zeitschriftenverlag Berlin, Mai 1948, S. 81

54) Vorwärts 2. Juni 1947, S. 1

55) nach Konstanze Billeb: Neubeginn und Entwicklung einer proletarischen Tradition - die Jugendweihe im östlichen Teil Deutschlands 1946 bis 1958. Dissertation Zwickau 1991, Anlage 5

56) Jochen Christoph Kaiser in: Stimme des Freidenkers, 22. Jahrgang, Nr. 3/4, Berlin 1980, S. 18 (Zusammenfassung seiner Dissertation „Arbeiterbewegung und organisierte Religionskritik: Proletarische Freidenkerverbände in Kaiserreich und Weimarer Republik
57) mitgeteilt von Dr. Klaus Sühl bei einem wissenschaftlichen Kolloqium an der Pädagogischen Hochschule „Ernst Schneller" am 19. und 20. Oktober 1989 in Zwikau, an dem auch eine Delegation des Freidenker-Verbandes aus Berlin (West) zu den Gästen gehörte. Die Jugendweihe in der BRD und Berlin (West) befände sich in der Kontinuität der proletarischen Jugendweihe in Deutschland. Aus dem Vergleich der Situation in der Bundesrepublik mit der erfolgreichen Veranstaltung von Jugendweihen in der Weimarer Republik und in der DDR konstatierte Dr. Sühl:"In beiden Fällen werden die Jugendweihen von einer breiten Bewegung bzw. von der überwiegenden Mehrheit der Gesellschaft getragen, und in beiden Fällen steht hinter der Jugendweihe eine relativ konkrete politische Zielbestimmung. Diese beiden Säulen ihrer Existenz, ein gesellschaftlich starker Träger mit klarem politischem ziel, sind der Jugendweihe in der Bundesrepublik und in West-Berlin in den vergangenen Jahrzehnten abhanden gekommen." in: Jugendweihe 6/89, Zeitschrift für Mitarbeiter und Helfer, Hrsg. „Zentraler Ausschuß für Jugendweihe in der DDR; zweifacher Träger des Vaterländischen Verdienstordens in Gold. Die Zeitschrift wurde 1988 mit der Artur-Becker-Medaille in Gold ausgezeichnet.", S. 18 f. (Als Redaktionsschluß der Zeitung wird der 8. November 1989 angegeben.)
58) Manfred Isemeyer: 100 Jahre proletarische Jugendweihe in Deutschland - Ein historischer Überblick in: Isemeyer/Sühl, a.a.O., S. 38
59) vergl. Beitrag von Dr. Klaus Sühl bei einem wissenschaftlichen Kolloqium an der Pädagogischen Hochschule „Ernst Schneller" am 19. und 20. Oktober 1989 in Zwickau, an dem auch eine Delegation des Freidenker-Verbandes aus Berlin (West) zu den Gästen gehörte. Die Jugendweihe in der BRD und Berlin (West) befände sich in der Kontinuität der proletarischen Jugendweihe in Deutschland. In: Jugendweihe 6/89, a.a.O. S. 18 f.
60) Darstellung im Folgenden nach Billeb, a.a.O., S. 16 f.
61) Billeb, a.a.O. S. 16 nach Archiv des ehemaligen Institus für Marxismus-Leninismus beim ZK der SED, Akte A IV/2/905/136, 11.02.48
62) Archiv des ehemaligen Inbstitus für Marxismus-Leninismus beim ZK der SED, Akte A IV/2/905/136, 11.02.48 zitiert nach Billeb, a.a.O. Anlage 6
63) Archiv des ehemaligen Institus für Marxismus-Leninismus beim ZK der SED, Akte A IV/2/905/136, zitiert nach Billeb, a.a.O. S. 14
64) Archiv des ehemaligen Instituts für Marxismus-Leninismus beim ZK der SED, Akte A IV/2/905/136, 01.06.49, nach Billeb, a.a.O. S. 23
65) Archiv des ehemaligen Inbstitus für Marxismus-Leninismus beim ZK der SED, Akte A IV/2/905/136, 31.08.49, zitiert nach Billeb, a.a.O. S. 31
66) Archiv des ehemaligen Instituts für Marxismus-Leninismus beim ZK der SED, Akte A IV/2/905/136, 12.09.49, zitiert nach Billeb, a.a.O. S. 14
67) vgl. Billeb, a.a.O. S. 29-37, die die Vokabel „Vereinheitlichung" statt Gleichschaltung benutzt.
68) Billeb, a.a.O. S. 37
69) Billeb a.a.O. konstatierte, daß die bisher vorliegenden Arbeiten keine ausreichende Begründung für die Wiedereinführung der Jugendweihe 1954/55 finden konnten. Kein Wunder, ging diese doch nicht auf „jugendweihe-" oder schulimmanente Gründe zurück, sondern hatte ihre Wurzeln mehr oder weniger direkt in der sowjetischen Deutschlandpolitik.
70) Vergl. dokumentierten „Aufruf des Zentralen Ausschusses für Jugendweihen in der Deutschen Demokratischen Republik" vom 12. November 1954 - gegen Weinzen, der behauptete, in diesem Aufruf „wurde kein Wort über die proletarische Tradition der Jugendweihe verloren" Weinzen, Jugend ohne Bekenntnis? 30 Jahre Konfirmati-

on und Jugendweihe im anderen Teil Deutschlands 1954 - 1984, Wichern-Verlag Berlin 1984, S. 23. - Welche anderen Jugendweihen als die mit „proletarischer Tradition" wurden denn sonst noch „in ganz Deutschland" von den Freidenkerverbänden organisiert? Das Buch von Detlef Urban und Hans Willi Weinzen wird im Folgenden zitiert als Urban/Weinzen

71) Billeb, a.a.O. S. 42

72) Vgl. Beschluß des Politbüros der KPdSU von Ende Mai 1953: „Über die Maßnahmen zur Gesundung der politischen Lage in der Deutschen Demokratischen Republik" in: Manfred Wilke unter Mitarbeit von Martin Goerner und Horst Laude: SED-Kirchenpolitik 1953-1958. Die Beschlüsse des Politbüros und des Sekretariats des ZK der SED zu Kirchenfragen 1953 -1958, Arbeitspapiere des Forschungsverbundes „SED-Staat" Nr. 1/1992, Berlin (zitiert als Manfred Wilke), S. 13- 17

73) Manfred Wilke, a.a.O. S. 9

74) Beschluß des Politbüros der KPdSU von Ende Mai 1953: „Über die Maßnahmen zur Gesundung der politischen Lage in der Deutschen Demokratischen Republik" zitiert nach: Manfred Wilke, a.a.O. S. 16

75) ebenda

76) Abschrift der Anlage Nr. 6 zum Protokoll Nr. 15/54 vom 14. März 1954 - Die Politik der Partei in Kirchenfragen in: Manfred Wilke, a.a.O., S. 43

77) ebenda S. 46

78) ebenda S. 47; Hervorhebung von mir. - T.G.

79) ebenda S. 55- 58

80) Aland, a.a.O. S. 92 unterscheidet als mögliche Angriffe gegen Christentum und Kirche: 1. Angriffe gegen die Bibel. 2. Angriffe gegen das Christentum aus seiner Geschichte heraus und um seiner Geschichte willen. 3. Angriffe gegen das Christentum um seiner Lehre willen. 4. Angriffe gegen den Öffentlichkeitsanspruch und die praktische Betätigung des Christentums. - Vergl. auch Thomas Gandow: Kurt Alands „Apologie der Apologetik" (1948) - eine Standortbestimmung in der evangelischen Apologetik nach dem 2. Weltkrieg in: Konsultation der landeskirchlichen Beauftragten für Weltanschauungsfragen (KLB) Hrsg.: Grundlagen der Apologetik, Dokumentations-Edition 7 der Arbeitsgemeinschaft für Religions- und Weltanschauungsfragen, München 1985, S. 5 - 18

81) Udo Rössling, Jugendweihe in der Deutschen Demokratischen Republik. Tradition - Geschichte - Gegenwart in: Isemeyer/Sühl, S. 119

82) Neubert, a.a.O., besonders S. 71 ff., hat im Zusammenhang von „sozialistischer Menschengemeinschaft" einerseits, „Zeugnis- und Dienstgemeinschaft" andererseits den Ersatz von Gesellschaft durch Gemeinschaft und den Verlust der Öffentlichkeitsrelevanz der Kirche beschrieben.

83) DDR-Handbuch, Wissenschaftliche Leitung: Peter Christian Ludz, Hrsg. Bundesministerium für innerdeutsche Beziehungen, Köln 1975, Artikel Religionsgemeinschaft und Kirchenpolitik, S. 713-721; der nicht namentlich gezeichnete, umfangreiche Artikel stammt m.W. von Reinhard Henkys. Nur die letzte Hälfte des letzten Satzes im hier abgedruckten Zitat würde man heute wohl anders formulieren müssen.

84) ebenda

85) ebenda

86) Reinhard Henkys, Einführung zu Detlev Urban, Hans Willi Weinzen: Jugend ohne Bekenntnis? - 30 Jahre Konfirmation und Jugendweihe im anderen Deutschland 1954-1984, Wichern-Verlag Berlin 1984, S. 8

87) Mußte hier nicht der Satz der Bekenntnissynode von Barmen 1935 wieder gelten: „Wir verwerfen die falsche Lehre, als solle und könne der Staat über seinen besonderen Auftrag hinaus die einzige und totale Ordnung menschlichen Lebens werden und also auch die Bestimmung der Kirche erfüllen." (Barmen V)? Die theologische Erklärung der Bekenntnissynode von Barmen vom 29. bis 31. Mai 1934, Absatz 5

88) in: Urban/ Weinzen, a.a.O.
89) Udo Rössling, Jugendweihe in der Deutschen Demokratischen Republik. Tradition - Geschichte - Gegenwart in: Isemeyer/Sühl, S. 119
90) Billeb, a.a.O. S. 42
91) Nach der Aufstellung von Billeb, a.a.O., Anlage 19 nach den Unterlagen des Archivs des Zentralausschuß Jugendweihe
92) Jugendweihe, Zeitschrift für Mitarbeiter und Helfer 3/89
93) Wort der Evangelischen Kirchenleitung an die Gemeinden der Evangelischen Kirche in Berlin-Brandenburg vom 30. November 1954, In: Kirchliches Jahrbuch 1954, S. 156 f.
94) Wiedergegeben nach dem namentlich nicht gekennzeichneten Hauptartikel Treptower Rundschau, Zeitung der Nationalen Front, Stadtbezirksausschuß Treptow, Extrablatt, November 1957
95) Barbara Neuhaus, Berliner Vertreter in der Volkskammer der DDR, in: Treptower Rundschau, Zeitung der Nationalen Front, Stadtbezirksausschuß Treptow, Extrablatt, November 1957
96) aus: Wörterbuch zur sozialistischen Jugendpolitik, Dietz Verlag Berlin 1975, S. 128 f.
97) Vgl. z.B. Gerhard Wäsch/Günter Wutzler: Der Klassenlehrer und die politisch-ideologische Erziehung seiner Schüler, Grundsätze und Beispiele zur Erziehungsplanung, Verlag Volk und Wissen Berlin 1971(2)
98) Martin Pietsch: Jugendweihe - auch nach der Wende? in: Die Christenlehre - Zeitschrift für den katechetischen Dienst in Gemeinde und Schule 8/91
99) Egon Freyer, Vorsitzender des Zentralen Ausschusses für Jugendweihe in der DDR: Schlusswort - Auf dem Fundament der Tradition - Neues Gelöbnis, Neues Jugendstundenprogramm, Neues Geschenkbuch in: Jugendweihe 6/89, S. 25
100) in: Berliner Zeitung vom 26.3.91
101) Billeb, a.a.O. S. 46
102) Günter Krusche: Civil Religion und Kirche in der DDR in: „Civil Religion" in Deutschland - Studientagung von LWB und EKD über politisch wirksame religiöse Orientierungen (Folge 1) , epd-Dokumentation 18/87, Frankfurt am Main 1987
103) Vergleiche Neubert, a.a.O.
104) z.B. Handbuch zur Jugendweihe. Eine Anleitung für Mitglieder der Ausschüsse für Jugendweihe und Jugendstundenleiter. Hrsg. vom Zentralen Ausschuß für Jugendweihe in der Deutschen Demokratischen Republik, 2. bearbeitete Auflage 1977, Volk und Wissen Volkseigener Verlag (Redaktionsschluß 25. Oktober 1976) und: Handbuch zur Jugendweihe. Eine Anleitung für die Mitglieder der Ausschüsse für Jugendweihe und Jugendstundenleiter. Hrsg. vom Zentralen Ausschuß für Jugendweihe in der Deutschen Demokratischen Republik, 1. Auflage 1986, Volk und Wissen Volkseigener Verlag (Redaktionsschluß 25. Oktober 1985), jeweils mit Hinweisen zu Ziel und Inhalt der Feiern, zu den Festreden, zum Aufbau der Feier usw.
105) Handbuch 1986, a.a.O. S. 146
106) Anja Baum: Die Peinlichkeiten und Goethe sind geblieben - Die erneuerte Jugendweihe in den 90ger Jahren / Etwas Bewahrenswertes wurde ins neue Zeitalter hinübergerettet. die tageszeitung, 2.4.91
107) Handbuch 1986, a.a.O. S. 71
108) Billeb, a.a.O. S. 51
109) Hallberg, a.a.O. S. 61, nach Hugo Gotthard Bloth, Plan und Ablehnung einer Bürgerlichen Konfirmation in Preussen 1787, Jahrbuch des Vereins für westfälische Kirchengeschichte Bd. 63, Bethel 1970, S. 13 ff., von dem die Zitate übernommen wurden.
110) alle Zitate ebenda
111) Eines der Ruhmesblätter in der Geschichte des Berliner Konsistoriums!
112) Offener Brief des Zentralen Ausschusses für Jugendweihe in der DDR. Wie geht es weiter mit der Jugendweihe? An alle Mitglieder und Helfer der Ausschüsse für

Jugendweihe und ihre Kommissionen, an die Eltern und Pädagogen. in: Jugendweihe 1/90, Herausgeber: Zentraler Ausschuß für Jugendweihe in der DDR; zweifacher Träger des Vaterländischen Verdienstordens in Gold., S. 2 - Schon zum 1. Entwurf dieses Ersatzgelöbnisses schrieb Lutz Rackow aus Berlin mit Datum vom 29.11.89: „Flink seid Ihr ja, Freunde im Zentralen Jugendweiheausschuß. Kaum gewendet, schon ein neuer Gelöbnisentwurf parat. Bereits ganz gut ausgewogen. Wie das die Erwachsenen so hinzufingern verstehen! ... Ich könnte mir vorstellen, daß wir uns mit Gelöbnissen aller Art und Güte erst einmal etwas zurückhalten sollten."

113) Jugendweihe hüben und drüben, Schweriner Volk, 21.4.1959, zitiert nach Hallberg, a.a.O. S. 100

114) Etwas anders Neubert, a.a.O. S. 34, der zwar davon spricht, die Jugendweihe sei ein ostdeutsches Phänomen geblieben, aber immerhin schreibt: „In Westdeutschland, wo die Jugendweihe nie ganz verschwunden war, gab es nur eine sehr bescheidene Zunahme."- Ein Nachweis fehlt

115) Monika Krotter-Hartmann/Anke Wagner: Jugendfeier in Hessen in: Freidenker 3-92 September 1992, 51. Jahrgang, S. 111

116) idea(Informationsdienst der Evangelischen Allianz), 29.11.90

117) epd, Landesdienst Ost, 13.5.1991

118) epd-Landesdienst Ost, Faxdienst vom 19. März 1993

119) epd, Landesdienst Ost, Faxdienst vom 6.10.1993

120) Hannelore Knauke, Meißen: Viele Helfer braucht die Jugendweihe in: A. Junghanns/ K.G. Neumann (Hrsg.) „Was ist der Mensch, was soll der Mensch? Gedenkbuch der Jugendweihe in Hamburg und Sachsen. Hamburg 1992, S. 89

121) Gabi Braemer vom Berliner Humanistischen Verband bei einem Rundfunkinterview, das am 28.5.1993 von 21.35 - 22.00 im Deutschlandfunk in der Sendung „Ein Ritual lebt weiter - Jugendweihe-Boom in Ostdeutschland" ausgestrahlt wurde. Hervorhebung von mir.- T.G.

122) In „Arbeitsstandpunkt, eine Empfehlung des Ministeriums für Volksbildung" vom 6.2.1990 an die Bezirksschulräte heißt es: „...Gesellschaftliche Organisationen wenden sich mit ihren Anliegen direkt an die Kinder und Jugendlichen bzw. an deren Eltern. Alle damit verbundenen Fragen sind nicht Bestandteil staatlicher Bildungs- und Erziehungsarbeit und werden in diesem Sinne nicht vom Direktor bzw. den Lehrern und Erziehern der Schule verantwortet. Beispielsweise ist der Entschluß zur Teilnahme an der Jugendweihe allein Sache der Eltern und ihrer Kinder." zitiert nach Martin Pietsch: Jugendweihe - auch nach der Wende? in: Die Christenlehre - Zeitschrift für den katechetischen Dienst in Gemeinde und Schule 8/91, Anm. 6

123) Folkhard Bremer: 14jährige auf dem Weg ins Leben in: Lausitzer Rundschau, 30.4.93

124) zitiert nach: Ida Kretschmar, Auf der Suche nach dem Sinn in: Lausitzer Rundschau, 20.4.93

125) Helmuth Sturmhoebel: Freidenker und Jugendweihe, Abschnitt „Jugendweihe und Jugendfeiern heute" in: Freidenker 3-92 September 1992, 51. Jahrgang, S. 95; im Folgenden zitiert als Sturmhoebel

126) Walter Ulbricht, Aus dem Vorwort des Geschenkbuches „Weltall-Erde-Mensch", hier zitiert nach: Jugendweihe -Illustrierte für Eltern und Erzieher, Herausgeber: Zentraler Ausschuß für Jugendweihe in der Deutschen Demokratischen Republik, Redaktionsschluß 1.7.1962, S. 6, wo dies Zitat Bildunterschrift zu einem Foto mit durch ein Fernrohr sehenden jungen Leuten ist.

127) Prof. v. Frankenberg: Das naturwissenschaftliche Weltbild der Gegenwart, Teil I, in: Freier Blick, Blätter für Freunde der Jugendweihe in Hamburg und Sachsen, Nr. 1/92

128) Prof. Freiherr von Frankenberg: Das naturwissenschaftliche Weltbild der Gegenwart, Teil II in: Freier Blick, 2/1992 , S. 17

129) Karlheinz Müller, Leiter der Volkssternwarte Drebach, Astronomie zum 'Anfassen' in: Freier Blick, 2/1992 , S. 6

130) Prof. Freiherr von Frankenberg: Das naturwissenschaftliche Weltbild der Gegenwart, Teil II in: Freier Blick, 2/1992 , S. 15

131) Zu den Jugendweihebüchern der DDR vergleiche ausführlich Urban/Weinzen, a.a.O. S. 60 - 97 die auch das hier nicht erwähnte „Unser Deutschland" besprechen. Besonders dazu auch Billeb, a.a.O. 71 - 75

132) Weltall-Erde-Mensch. Ein Sammelwerk zur Entwicklungsgeschichte von Natur und Gesellschaft, 1. Auflage 1954, Verlag Neues Leben (Berlin); dito 4. überarbeitete Auflage 1956, Verlag Neues Leben (Berlin); dito Neufassung, 10. erweiterte, neu bearbeitete Auflage 1962, Verlag Neues Leben Berlin

133) Vorwort des Ersten Sekretärs des ZK der SED und Staatsratsvorsitzenden W. Ulbricht in Weltall Erde Mensch, Ein Sammelwerk zur Entwicklungsgeschichte von Natur und Gesellschaft, Neufassung 1962, Verlag Neues Leben Berlin

134) Der Sozialismus - Deine Welt. Hrsg. Zentraler Ausschuß für Jugendweihe, 1. Auflage 1975 Verlag Neues Leben Berlin

135) Vom Sinn unseres Lebens Hrsg. Zentraler Ausschuß für Jugendweihe in der Deutschen Demokratischen Republik, 5. Auflage 1987 (Die erste Auflage erschien 1983)

136) A. Junghanns/K.G.Neumann (Hrsg.) „was ist der Mensch, was soll der Mensch? - Gedenkbuch der Jugendweihe in Hamburg und Sachsen. Hamburg 1992

137) a.a.O. S.

138) Junge Menschen in unserer Zeit, hrsg. von der Arbeitsgemeinschaft Jugendweihe Hambug, zusammengestellt von Fritz Wartenberg, Hamburg o.J. (1969)

139) A. Junghanns/K.G.Neumann (Hrsg.) „was ist der Mensch, was soll der Mensch? - Gedenkbuch der Jugendweihe in Hamburg und Sachsen. Hamburg 1992, a.a.O. S. 14

140) Schülerduden „Die Religionen", a.a.O. S. 217

141) ebenda

142) ebenda

143) Vergl. Hallbergs Darstellung zur Ideengeschichte der Jugendweihe, a.a.O.

144) Formulierungen gefunden bei Hans-Jörg Rödiger: Erfahrungen bei der Vorbereitung und Durchführung der Jugendweihe durch die Interessenvereinigung Jugendweihe e.V. in: in: Freidenker 3-92 September 1992, 51. Jahrgang, S. 103

145) Ein Adept des Groß-Cophta erläuterte, worum es bei der Einweihung, die der Groß-Cophta zu vergeben hat, eigentlich geht: „Aus dem Felde der jugendlichen Schwärmerei, worin der Meister seine Schüler gängelt, glaubt man über eine goldene Brücke in eine reizende Feenwelt hinüber geführt zu werden. Und freilich ist es unerwartet, wenn man unsanft in die wirkliche Welt wieder zurückgebracht wird, aus der man sich zu entfernen glaubte." Aber gerade diese Erfahrung sei das Wertvolle an dieser cophtischen Einweihung. J.W. Goethe: Der Groß-Cophta. Ein Lustspiel in fünf Aufzügen. 3. Aufzug, 5. Auftritt; siehe auch unter 12. Die Mystifizierten

146) Anmeldung zur Jugendweihe 1993 der Interessenvereinigung, Schlüterstr. Anmeldeschluß 30.10.92

147) Anmeldung zur Jugendweihe 1993 der Interessenvereinigung, Rosenstr. Anmeldeschluß 30.11.92

148) so der Landesgeschäftsführer der Freien Humanisten laut Zeitschrift Wochenspiegel vom 14./15. 4 1993

149) Egon Freyer: Referat (Auszüge) auf der Sondertagung des Zentralen Ausschusses für Jugendweihe am 13. Dezember 1989 in: Jugendweihe 1/90, Herausgeber: Zentraler Ausschuß für Jugendweihe in der DDR; zweifacher Träger des Vaterländischen Verdienstordens in Gold., S. 5

150) ebenda, S. 5 f.

151) ebenda

152) Thomas Hartmann: Ein pervertiertes Ritual lebt weiter - Jugendweihe in Ostdeutschland, Deutschland Archiv, Juni 1992

153) Auszug aus dem Protokoll der Bundesversammlung der Interessenvereinigung Jugendweihe e.V. vom 13.Juni 1992

154) Werner Riedel: Jugendweihe: Die „Altlast", die älter ist, als die SED je wurde, Berliner Morgenpost, 25.4.93
155) Presseinformation der „Interessenvereinigung für humanistische Jugendarbeit und Jugendweihe e.V. Bundesversammlung" Juni 1992, S. 2 ff.
156) Jeder zweite will die Jugendweihe - Werner Riedel (FDP), Präsident der Bundesversammlung der Jugendweihe e.V., antwortet auf DLZ-Fragen, Deutsche Lehrerzeitung 16/1991, Interview: Dagmar-Ellen Jakob
157) ebenda
158) ebenda
159) Eberhard Schinck: Jugendweihe-Tradition, Wende, oder? in: Freidenker 3-92, September 1992, 51. Jahrgang, S. 109
160) stellte Christina Fischer in der Neuen Zeit vom 18.4.1992 fest.
161) in: Jugendweihe: In diesem Jahr machen noch mehr mit, Berliner Kurier, 17.1.1994
162) ebenda
163) Egon Freyer, Vorsitzender des Zentralen Ausschusses für Jugendweihe in der DDR: Schlusswort - Auf dem Fundament der Tradition - Neues Gelöbnis, Neues Jugendstundenprogramm, Neues Geschenkbuch, Schlußwort beim Wissenschaftlichen Kolloqium an der Pädagogischen Hochschule „Ernst Schneller" am 19. und 20. Oktober 1989 in Zwickau in: Jugendweihe 6/89, a.a.O. S. 25
164) Sturmhoebel, a.a.O S. 96
165) Vgl. dazu Manfred Isemeyer: Das Gras des Vergessens Oder: Wo bleiben die stalinistischen Funktionäre? in: diesseits, 18/1992 S. 22
166) laut Berliner Morgenpost 31.10.92; für 1994 sind mehrere Millionen DM u.a. für den „Lebenskunde" genannten Religionsunterricht, den der Verband als „Weltanschauungsgemeinschaft an Berliner Schulen erteilen darf, im Landeshaushalt vorgesehen; auch die Ausbildung und Fortbildung entsprechender Lehrer soll so finanziert werden.
167) zitiert nach: Jugendweihen werden weiter unterstützt, Lausitzer Rundschau 30.11.93
168) Großschreibung des Wortes FEIER soll die entsprechenden Rituale von der sozialistischen bzw. freidenkerischen Namensweihe und Jugendweihe abheben.
169) Kein Gelöbnis auf den Staat - Mit der humanistischen Idee vom Kind zum Erwachsenen, Interview mit Jürgen Pfohl vom Verband der Konfessionslosen in Brandenburg, Potsdamer Neueste Nachrichten, 20.10.92
170) So auf der Urkunde für 1992, abgebildet in: Junghanns/Neumann, a.a.O. S. 6
171) Sturmhoebel, a.a.O. S. 96
172) Kein Gelöbnis auf den Staat - Mit der humanistischen Idee vom Kind zum Erwachsenen, Interview mit Jürgen Pfohl vom Verband der Konfessionslosen in Brandenburg, Potsdamer Neueste Nachrichten, 20.10.92
173) Kornelia Krüger: „Verein bietet Betreuung von 'der Wiege bis zur Bahre'", Mitteldeutsche Zeitung, Dienstag, 23. Februar 1993
174) verdeutlichte der Landesgeschäftsführer des Landesverbands Sachsen-Anhalt die Konzeption der „JugendFEIER/alternativen Jugend'weihe'" laut Zeitschrift Wochenspiegel (Halle) vom 14./15. 4 1993
175) gegenüber Kornelia Krüger von der Mitteldeutschen Zeitung. „Verein bietet Betreuung von 'der Wiege bis zur Bahre'", Mitteldeutsche Zeitung, Dienstag, 23. Februar 1993
176) Werbeblatt der „Freien Humanisten Sachsen-Anhalt e.V., Karl-Liebknechtstr. 12, 0-4020 Halle/Saale, Telefon 0172-4286036" Frühjahr 1993
177) ebenda
178) ebenda
179) Klaus Sühl: Jugendweihe heute: Fest der Arbeiterbewegung? in: Isemeyer/Sühl, a.a.O. S. 119
180) Bob Tielman: Die internationale humanistische Bewegung in: diesseits Nr.17, 1991, S.4
181) zitiert aus: Duden Etymologie, Herkunftswörterbuch der deutschen Sprache, 2. Auflage 1989 S. 294

182) Erklärung der Fremdwörter, der fremdsprachlichen und seltenen Ausdrücke in: Staatsbürgerkunde - Dokumente und Materialien, Dietz Verlag Berlin 1967, 4. veränderte Auflage, (1. Auflage 1964), S. 364
183) zitiert aus: Duden Etymologie, a.a.O.S. 294
184) ebenda
185) Vergl. aber noch die Nebenbedeutung von humanism in der englischen Sprache im Wortfeld von „unbelief; humanism; agnosticism, scepticism; lack of faith; lapse from faith, recidivism, backsliding“ und zu „impious; atheistic, atheistical; humanistic; agnostic, douting, sceptical, Pyrhonic; free-thinking, rationalistic; nonpractising; ungodly“ Vgl. Roget's Thesaurus of english words and phrases, New edition prepared by Betty Kirkpatrick MA, 1988
186) berichtet der AWO-Geschäftsführer Gerhard Göttert in der Berliner Morgenpost vom 16.9.93
187) Mitteldeutsche Zeitung, Lokalausgabe Querfurt vom 14.12.92
188) Märkische Oderzeitung 7.1.93
189) Satzung des Vereins „Sächsischer Verband für Jugendarbeit und Jugendweihe e.V. , Vereinsregisternr. I/846, Kreisgericht Dresden
190) Der Terminus „angemeldet“ taucht bei den Zahlenangeben bei allen Anbietern immer wieder auf und signalisiert möglicherweise einen deutlichen Unterschied zwischen „Angemeldeten“ und „Teilnehmern“, bei denen die Jugendweihe wirklich vollzogen wurde.
191) “Tätigkeitsbild des Verbandes“, Sommer 1993
192) Sitzung des Geschäftsführenden Verbandsvorstandes in Stuttgart in: Freidenker Nr. 3-92, September 1992, S. 91 (Bericht über die Sitzung vom 11.7.1992)
193) Eberhard Schinck: Jugendweihe -Tradition, Wende, oder? in: Freidenker 3-92 September 1992, 51. Jahrgang, S. 110
194) Hans-Jörg Rödiger: Erfahrungen bei der Vorbereitung und Durchführung der Jugendweihe durch die Interessenvereinigung Jugendweihe e.V. in: Freidenker 3-92 September 1992, 51. Jahrgang, S. 104
195) ebenda, S. 105
196) Werner Riedel: In den neuen Bundesländern: Die Jugendweihe lebt, in: Freidenker 3-92 September 1992, 51. Jahrgang, S. 107
197) Sturmhoebel, a.a.O. S. 94
198) Werner Riedel: In den neuen Bundesländern: Die Jugendweihe lebt, in: Freidenker 3-92 September 1992, 51. Jahrgang, S. 107
199) “Tätigkeitsbild des Verbandes“, Sommer 1993
200) Eberhard Schinck: in: Freidenker 3-92 a.a.O. S. 108
201) ebenda, S. 109
202) Werner Riedel: Jugendweihe: Die „Altlast“, die älter ist, als die SED je wurde, Berliner Morgenpost, 25.4.93 .
203) Das erklärte Gerald Götting namens des Hauptvorstandes der CDU (Ost) am 14. Dezember 1954; in: Archiv des Zentralausschusses Jugendweihe, 1.1. A, Nr.1 (Zusammenarbeit FDGB, FDJ, Nationalrat, DFD, GST 1954-1977,) unpag., zitiert nach Udo Rössling, Jugendweihe in der Deutschen demokratischen Republik. Tradition - Geschichte - Gegenwart in: Isemeyer/Sühl, a.a.O. S. 119
204) In: Resolution der 21. ordentl. Bundesversammlung des Bundes Freireligiöser Gemeinden Deutschlands - Vereinigung freier Religions- und Weltanschauungsgemeinschaften - am 10.11.1990; die Resolution wendet sich gegen eine von der Bundesversammlung vermutete Kampagne von Unionspolitikern, insbesondere des Vorsitzenden der CSU-Landesgruppe im Bundestag, Bötsch, dessen Stellungnahme gegen die Jugendweihe einschl. Appell an den Bundespräsidenten, sich kritisch zu Jugendweihe zu äußern als Rühren „an dem grundgesetzlich garantierten Recht auf freie religiöse und weltanschauliche Betätigung“ kritisiert wurde.
205) Ralf Bernd Abel: Grenzen der Religionsfreiheit im Verfassungsrecht? in: Herbert

Taudien: Grenzen der Religionsfreiheit, Rechtliche Möglichkeiten zur Reaktion auf die Aktivitäten neuerer Glaubensgemeinschaften (Jugendreligionen, Gurubewegungen, Psychokulte u.ä.), Münchener Texte und Analysen zur religiösen Situation, München 1987, S. 39

206) Sturmhoebel, a.a.O. S. 96

207) Hans-Jörg Rödiger: Erfahrungen bei der Vorbereitung und Durchführung der Jugendweihe durch die Interessenvereinigung Jugendweihe e.V. in: Freidenker Nr. 3-92, September 1992, S. 103

208) In den neuen Bundesländern: Die Jugendweihe lebt von Werner Riedel, Präsident der Interessenvereinigung für humanistische Jugendarbeit und Jugendweihe e.V. in: Freidenker Nr. 3-92, September 1992, S. 106

209) Eberhard Schink: Jugendweihe - Tradition, Wende, oder? in: Freidenker Nr. 3-92, September 1992, S. 110

210) ebenda S. 110 f.

211) ebenda S. 111

212) Bemerkung von „K.G.N." in: Junghanns/Neumann a.a.O. S. 89

213) "Erste Namensweihen im Freidenker-Verband" in: Sächsische Zeitung 1.10.1992

214) Klaus Sühl bei einem Rundfunkinterview, das am 28.5.1993 von 21.35 - 22.00 im Deutschlandfunk in der Sendung „Ein Ritual lebt weiter - Jugendweihe-Boom in Ostdeutschland" ausgestrahlt wurde.

215) in: diesseits, Zeitschrift für Humanismus und Aufklärung, 18/92, S. 23

216) ebenda.

217) ebenda

218) ebenda

219) ebenda

220) Neuer Tag, Organ der Bezirksleitung Frankfurt/Oder der SED, 6.1.1990

221) Klaus Sühl bei einem Rundfunkinterview, das am 28.5.1993 von 21.35 - 22.00 im Deutschlandfunk in der Sendung „Ein Ritual lebt weiter - Jugendweihe-Boom in Ostdeutschland" ausgestrahlt wurde.

222) ebenda

223) Udo Rössling, Jugendweihe in der Deutschen Demokratischen Republik. Tradition - Geschichte - Gegenwart in: Isemeyer/Sühl, a.a.O., S. 120

224) Rödiger, Präsidiumsmitglied der „Interessenvereinigung", benutzt in seinem Beitrag für die Jugendweiheteilnehmer auffällig häufig den Ausdruck „Kinder". Hans-Jörg Rödiger: Erfahrungen bei der Vorbereitung und Durchführung der Jugendweihe durch die Interessenvereinigung Jugendweihe e.V. in: in: Freidenker 3-92 September 1992, 51. Jahrgang, S. 103

225) epd-Ost, Faxdienst, 14. November 1993

226) Neubert, a.a.O., S. 78 ff

227) Steffen Reiche, SPD-Landesvorsitzender und z.Zt. beurlaubter Pfarrer der Kirche in Berlin-Brandenburg in: diesseits, Zeitschrift für Humanismus und Aufklärung, Nr. 24/1993, S. 17

228) ebenda

229) Schreiben von „Präsident Bezirksstadtrat für Bildung und Kultur" Werner Riedel vom 30.12.91 für die „Berliner Liberale Zeitung" der FDP.

230) ebenda

231) ebenda

232) Ehrhart Neubert: Die postkommunistische Jugendweihe - Herausforderung für kirchliches Handeln in: Zur Konfessionslosigkeit in (Ost-)Deutschland - Ein Werkstattbericht. Begegnungen 4/5 , Hrsg. Studien- und Begegnungsstätte Berlin der Ev. Kirche in Deutschland, Berlin 1994, S. 34 - 86

233) Neubert, a.a.O. S. 65 und 76

234) Neubert a.a.O. S. 76

235) Neubert, a.a.O. S. 75

236) Neubert, a.a.O. S. 79 f.

237) vgl. zum Gedanken „Einsegnung statt Jugendweihe“: Thomas Gandow, Situationsbericht für den Beirat für Sekten und Weltanschauungsfragen der Ev. Kirche in Berlin-Brandenburg, 27.1.1992

238) Walter Neidhart, Überlegungen zur Konfirmation (=Konfirmationsfeier) in: Neue Modelle für den Konfirmandenunterricht, Arbeitsbericht einer Tagung vom 22. bis 24. November 1970 im Tagungs- und Studienzentrum Boldern, hrsg. v. Hans Eggenberger, Zürich: Katechetisches Institut der ev.-ref Landeskirche des Kantons Zürich, o.J. S. 147

239) Dietmar Gerts: Kleines RPV-Lexikon, Stand 1.9.92, Berlin, S. 16

240) vergl. Art 136 der Weimarer Reichsverfassung

241) Im 6. Auftritt heißt es: „Du hast die Prüfung überstanden, du bist der Versuchung entgangen, du hast dich als ein Mann gezeigt, den ich suche. (...) Wenn die erhabenen, großen, uneigennützigen Meister einen Lehrling, der sich gut anläßt, weiter vorwärts führen wollen, so versuchen sie ihn erst, und am sichersten geschieht es, wenn sie ihm die scheinbaren Vorteile eines eigennützigen Betragens vorlegen. Greift er danach, so tut er einen Schritt zurück, indem er glaubt einen vorwärts zu tun.“ - Dieser Trick, mit dem der Graf das Vertrauen des Jünglings wieder gewinnt, ist für Cagliostro tatsächlich typisch. Frau von der Recke berichtet in ihrer „Nachricht von Cagliostros Aufenthalt in Mitau i.J. 1779“ (Berlin 1787) auf S. 11, 112 und 137 entsprechendes von Cagliostro.

242) Nachdem sich der so „Geprüfte“ damit wieder einfangen ließ, reibt sich der betrügerische „Meister“ die Hände und bekennt in einem Monolog im 7. Auftritt: „So wäre denn auch dieser nach seiner Art zur Ordnung gewiesen. Man muß die Angeln, die Netze nach Proportion der Fische einrichten die man zu fangen gedenkt, und wenn es ein Walfisch ist, wirft man mit Harpunen nach ihm. Den Mäusen stellt man Fallen, Füchsen legt man Eisen, Wölfen gräbt man Gruben und die Löwen verscheucht man mit Fackeln“.

243) Walter Benjamin: Aufklärung für Kinder - Rundfunkvorträge, Herausgegeben von Rolf Tiedemann, edition suhrkamp, Neue Folge 317, Frankfurt am Main 1985, S. 138 f.

244) Wenn von Urban und Weinzen (a.a.O. S. 15) behauptet wird, Hallberg sei „nur am Rande auf die Jugendweihe in der Deutschen Demokratischen Republik“ eingegangen und habe sich unter weitgehender Vernachlässigung der proletarischen Tradition vor allem nur darum bemüht, „eine kirchliche Wurzel der Jugendweihe herauszuarbeiten“, dann zeugt dies von einem gravierenden Mißverständnis. Es wurde außerdem auch völlig übersehen, wie wichtig für die Jugendweihe in der DDR und bis heute ihre Ideengeschichte war und ist, die bei Hallberg breit dargestellt wird und in jedem Kapitel kritische Ausblicke auf die Gestalt der Jugendweihe in der DDR anbietet - nicht nur im letzten, in dem Weinzen wohl nachgeschaut hat.

245) Neubert fordert a.a.O. S. 58, daß „auch die ‘humanistisch-idealistische’, mit ihren mehr oder weniger erkenntlichen vulgärmarxistischen und atheistischen Bestandteilen versehene Weltanschauung der Jugendweiheveranstalter kritisiert werden (muß). Sie ist ein Konstrukt zum Zweck einer säkularen Legitimation selbstbestimmten Handelns in der Geschichte. Im Kern bleibt dies eine totalitäre Weltsicht.“ In der Verbindung von „Wissenschaft“ und „Weltanschauung“ sieht Neubert einen Wahrheitsanspruch dokumentiert. „In diesem Wahrheitsanspruch liegen Risiken, die die Jugendweiheanbieter bisher offenbar noch nicht überschauen.“ Wenig später geht Neubert in seiner Warnung noch einen Schritt weiter und stellt fest: „Der totalitäre Kern der Jugendweihe ist eigentlich auch von öffentlichem Interesse. Gesellschaft und Politik dürfte es nicht gleichgültig sein, daß im Rahmen einer sich als säkular verstehenden Gesellschaftsverfassung mit einem demokratischen Regelwerk totalitäres Denken trainiert wird.“ (ebenda, S. 59)

Das Programm der Münchener Reihe

Manfred Ach
Anarchismus
DB, ISBN 3-583-50633-2

Heinrich Adam
Warum Angst vor Verrückten?
NB, ISBN 3-583-50605-7

Jan Badewien
Anthroposophie
GB, ISBN 3-583-50662-6

Rüdiger Beile
Der andere Islam: Die Shiiten
DB, ISBN 3-583-50647-2

Rüdiger Beile
Weltreligion Islam
EB, ISBN 3-583-50654-5

Detlef Bendrath (Hg.)
Brahma Kumaris/Raja Yoga
GB, ISBN 3-583-50642-1

Helmut Fischer
Transaktionsanalyse
GB, ISBN 3-583-50640-5

Thomas Gandow
Weihnachten
GB, ISBN 3-583-50658-8

Thomas Gandow
Jugendweihe
GB, ISBN 3-583-50661-8

Thomas Gandow
Mun-Bewegung
GB, ISBN 3-583-50656-1

Thomas Gandow
Thanatologie
GB, ISBN 3-583-50659-6

Thomas Gandow
Guru Chinmoy und die Sri-Chinmoy-Bewegung
GB, ISBN 3-583-50657-X

G. und M. Grandt/Klaus-M. Bender
Fiat Lux –Uriellas Orden
GB, ISBN 3-583-50655-3

Annette Haack/Friedrich–Wilh. Haack
Jugendspiritismus und -satanismus
DB, ISBN 3-583-50648-0

Friedrich-Wilhelm Haack
Aberglaube - Magie -Zauberei
DB, ISBN 3-583-50626-X

Friedrich-Wilhelm Haack
Astrologie
NB, ISBN 3-583-50602-2

Friedrich-Wilhelm Haack
Die Bhagwan-Rajneesh-Bewegung
GB, ISBN 3-583-50634-0

Friedrich-Wilhelm Haack
Blut-Mythus und Rasse-Religion
DB, ISBN 3-583-50638-3

Friedrich-Wilhelm Haack
Freimaurer
DB, ISBN 3-583-50616-2

Friedr.-Wilh. Haack/Thomas Gandow
Gabriele Witteks »Universelles Leben« (HHW)
EB, ISBN 3-583-50643-X

Friedrich-Wilhelm Haack
Jehovas Zeugen
DB, ISBN 3-583-50608-1

Friedrich-Wilhelm Haack
Mormonen
NB, ISBN 3-583-50611-1

Friedrich-Wilhelm Haack
Neuapostolische Kirche
DB, ISBN 3-583-50617-0

Friedrich-Wilhelm Haack
die neuen jugendreligionen 1
DB, ISBN 3-583-50613-8
die neuen jugendreligionen 2
GB, ISBN 3-583-50621-9
die neuen jugendreligionen 3
SB, ISBN 3-583-50639-1
die neuen jugendreligionen 5
GB, ISBN 3-583-50652-9

Friedrich-Wilhelm Haack
Psi
Parapsychologie
DB, ISBN 3-583-50623-5

Friedrich-Wilhelm Haack
Ratschläge
GB, ISBN 3-583-50627-8

Friedrich-Wilhelm Haack
Satan – Teufel – Luzifer
DB, ISBN 3-583-50615-4

Friedrich-Wilhelm Haack
Scientology, Dianetik und andere Hubbardismen
GB, ISBN 3-583-50650-2

Friedrich-Wilhelm Haack
Sekten
DB, ISBN 3-583-50612-X

Friedrich-Wilhelm Haack
Spiritismus
DB, ISBN 3-583-50610-3

Friedrich-Wilhelm Haack
Sterben – Tod – Auferstehung
NB, ISBN 3-583-50607-3

Friedrich-Wilhelm Haack
Taufe
NB, ISBN 3-583-50601-4

Friedrich-Wilhelm Haack
Transzendentale Meditation
GB, ISBN 3-583-50622-7

Erwin Haberer
Herausforderung New Age
DB, ISBN 3-583-50649-9

Rüdiger Hauth
Adventisten
GB, ISBN 3-583-50632-4

Hansjörg Hemminger
Psychotherapie – Weg zum Glück?
GB, ISBN 3-583-50646-4

Hansjörg Hemminger
VPM
GB, ISBN 3-583-50663-4

Martin Hörrmann
Kirche und Sport
NB, ISBN 3-583-50606-5

Wulf Metz
Buddhismus
DB, ISBN 3-583-50653-7

Reinhard Mumm
Bekenntnisse
NB, ISBN 3-583-50619-7

Reinhard Mumm
Nehmet und esset
NB, ISBN 3-583-50628-6

Roswitha Sieper
Psychokulte
SB, ISBN 3-583-50645-6

PREISLISTE

Normalband (NB) / Doppelband (DB)
1-10 St.: DM 6,50, öS 51,–, sFr 7,50
11-24 St.: DM 6,30, öS 49,–, sFr 7,30
25-49 St.: DM 6,–, öS 47,–, sFr 7,–
50-99 St.: DM 5,50, öS 43,–, sFr 6,50
ab 100 St.: DM 5,–, öS 39,–, sFr 6,–

Großband (GB)
1-10 St.: DM 9,80, öS 77,–, sFr 10,80
11-24 St.: DM 9,50, öS 74,–, sFr 10,50
25-49 St.: DM 9,10, öS 71,–, sFr 10,10
50-99 St.: DM 8,50, öS 66,–, sFr 9,50
ab 100 St.: DM 7,80, öS 61,–, sFr 8,80

Extraband (EB)
1-10 St.: DM 14,80, öS 116,–, sFr 15,80
11-24 St.: DM 14,–, öS 109,–, sFr 15,–
25-49 St.: DM 13,50, öS 105,–, sFr 14,50
50-99 St.: DM 13,–, öS 102,–, sFr 14,–
ab 100 St.: DM 12,–, öS 94,–, sFr 13,–

Sonderband (SB)
1-10 St.: DM 19,80, öS 155,–, sFr 20,80
11-24 St.: DM 19,–, öS 148,–, sFr 20,–
25-49 St.: DM 18,50, öS 144,–, sFr 19,50
50-99 St.: DM 18,–, öS 141,–, sFr 19,–
ab 100 St.: DM 17,–, öS 133,–, sFr 18,

Preisänderungen vorbehalten

Evang. Presseverband für Bayern e.V. · Birkerstraße 22 · 80636 München